LA RIVINCITA DELLA MAMMA IMPERFETTA

ANNALISA STRADA

LA RIVINCITA DELLA MAMMA IMPERFETTA

Romanzo di sopravvivenza

PIEMME

Questo romanzo è un'opera di fantasia. Personaggi e situazioni sono invenzioni dell'autore e hanno lo scopo di conferire veridicità alla narrazione. Qualsiasi analogia con fatti, eventi, luoghi e persone, vive o scomparse, è puramente casuale.

Realizzazione editoriale: *Elàstico, Milano*

ISBN 978-88-566-3952-0

I Edizione 2014

Anno 2014-2015-2016 - Edizione 1 2 3 4 5 6 7 8 9 10

Alle mamme imperfette,
con la certezza che la perfezione
non è di questo mondo.

Preparatevi!

Sapere quando arrendersi è una competenza fondamentale nell'arte della guerra.

È maggio, il mese più crudele dell'anno (altro che aprile!).

Se fossi stata una madre perfetta, di quelle previdenti, lo avrei dovuto capire che i mesi di nascita dei figli vanno differenziati: è una questione di sopravvivenza familiare. Cercherò di ricordarmene nella prossima vita. Anzi, sono certa che non me ne potrò dimenticare, perché gli ultimi giorni sono stati un ottovolante con la cabina di pilotaggio guasta e il piano di volo impostato da un pazzo furioso. Non solo mi sono trovata a gestire due feste di compleanno (diverse e assolutamente equivalenti, ciascuna ritagliata su misura delle esigenze di Sofia e di Arturo), ma nell'intermezzo ho gestito: i colloqui con gli insegnanti, le incombenze per la fine delle attività extrascolastiche e pure, per non farsi mancare niente, la gita scolastica e un viaggio di lavoro di mio marito. Tutto qui? Macché. Questo era solo il contorno! Il piatto forte è stata l'organizzazione dell'evento cruciale per il mio anno lavorativo e per la sorte futura del museo che curo.

Ah, certo, è pure il mese delle allergie.

Eppure sono sopravvissuta. Posso provare a spiegare come, anche se – ora come ora – non l'ho capito bene nemmeno io.

Forse, come sempre, la cosa migliore è cominciare dall'inizio.

Primo giorno

Domenica 21 maggio

Evviva la festa

Ore 8.20

«Mamma... mi sta bene?»

Sofia appare con il vestito rosa a balze che sarebbe più adatto a una festa di Carnevale e che mi è costato più di una settimana di lavoro. Comunque, compie cinque anni e mi sembrava brutto costringerla a ripiegare su qualcosa di più sobrio. Del resto, sarebbe stato impossibile senza ricorrere al servizio di sorveglianza dell'outlet: farla uscire dal negozio priva del suo abito da fatina avrebbe comportato una rissa dalla quale sarei uscita perdente.

«Sei bellissima... ma ci vorranno ancora sei o sette ore prima che arrivino gli ospiti.»

Sofia non fa una piega e agita la sua bacchetta di plastica che culmina con una stella luminosa. Perfetta per una fata che volesse dirigere il traffico in un incrocio nebbioso.

Io, al contrario, sono in camicia da notte, con gli occhi incrostati dal mascara che ieri sera non ho avuto la forza di togliere. In questa tenuta sto risistemando la cucina mentre la caffettiera è sul fornello. Ho preparato la più grande che ho, calcolando a occhio e croce che mi ci vorrà parecchia caffeina per arrivare a sera.

«Dov'è il latte?» chiede Sofia, inerpicandosi sullo sgabello di fronte alla penisola.

«Sotto il tuo naso, nella tazza.»

«È troppo caldo!» sancisce subito.

Cerco di essere paziente: «Non l'hai nemmeno toccato».

Lei annusa la tazza con ostentazione e storce il naso: la faccia ruota tutta attorno al piccolo asse di quel suo nasino vezzoso che è il mio orgoglio (il naso non l'ha ereditato da me, ma gliel'ho messo io, accidenti!). «Si capisce dall'odore.»

«Allora lascialo raffreddare.»

Sofia agita la bacchetta luccicante e l'indice della mano libera. «Poi non ha più lo stesso sapore!»

Io so quando arrendermi e, siccome sto svuotando la lavastoviglie, prendo una scodella sbeccata e ci verso del latte freddo.

Lei l'afferra e lo tracanna soddisfatta.

Mentre la guardo trangugiare calcolo quante probabilità ci sono che le venga uno scompiglio digestivo, ma in base alla mia stima non è un rischio alto. Incrocio le dita e sistemo una padella.

In mente mi echeggiano i moniti di mia cognata: «La colazione è il pasto più importante, soprattutto per i bambini. Deve essere generosa, equilibrata e consumata a tavola con tutta la famiglia. Una famiglia che non si riunisce a tavola almeno due volte al giorno, per la prima colazione e per la cena, non può dirsi una vera famiglia... Casomai, è un gruppo coabitante».

Dovrei riuscire a non pensare a mia cognata – regina della casa e madre senza macchia – almeno stamattina.

Dovrei essere felice perché oggi non le riuscirà di raggiungerci con marito e figlio per ricordarmi la nostra inadeguatezza. Lei però è il mio costante metro di paragone da sempre, un po' come un grillo parlante (ma nella versione grillo mannaro!) e finché non riuscirò ad assestarle una martellata non me ne libererò. Pazienza, oggi non ho tempo per i martelli.

Intanto ho come l'impressione che manchi qualcosa. Un dettaglio, ma non di quelli significativi. Qualcosa che ti colpisce tipo un libro che manca in libreria e di cui ti accorgi perché vedi un buco ma non sapresti dire cosa ci stava prima. Tra lo sfavillio della padella e lo sfavillio interno della lavastoviglie la mia memoria visiva ha colto di sfuggita un baco nel mio sistema di allestimento esterno.

Ma che cos'è?

Mi passo in rassegna con un'occhiata panoramica.

Un secondo di fermo immagine e capisco cosa manca: il mio anello!

Guardo una mano e l'altra.

La fede è al suo posto sull'anulare sinistro. Ma al mio anulare destro manca l'anello che ho messo ieri sera per la cena da Marco, il capo di Claudio (che, per la cronaca, è mio marito).

Come può non essere più al mio dito?

Potrei occuparmi subito della faccenda, ma conto sulla mia previdenza inconscia (di conscia non ne ho, è evidente) e rassicuro me stessa: lo avrò messo sul comodino, con un gesto abituale di quelli cui non si presta mai attenzione.

Ci penserò dopo: l'elenco affisso allo sportello del frigo con un delizioso magnete a forma di maialino è così pieno di cose da fare e niente può essere anteposto alla prima operazione indicata. Qual è? Cito testualmente: *Bonificare soggiorno.*

Non so se è solo in casa mia che il soggiorno sembra la spiaggia di Rio de Janeiro dopo la parata del Martedì Grasso. Comincio con la raccolta delle scarpe. Sia chiaro, sono enormemente felice che in questa casa tutti quanti abbiano due piedi, ma con gli indumenti gemelli si creano sempre problemi. Forse stanchi di vivere appaiati, lontani dai corpi tendono a condurre esistenze separate e a esplorare il mondo in direzioni diverse, quando non opposte. Pantofole, ciabatte e scarpe da ginnastica scompaiono singolarmente negli anfratti: non mi stupisco più di trovare calzini antiscivolo di dimensioni mignon sotto i cuscini del divano (e ho smesso di domandarmi come ci finiscano), ma che il mimetismo sia una caratteristica anche delle mie pantofole taglia 40 o delle scarpe da ginnastica taglia 46 di mio marito... be' è una cosa che non smette mai di risvegliare in me scomodi interrogativi. Le calze sono più perfide, perché si appiattiscono. Non che con i guanti vada meglio ma, fortunatamente, non è stagione.

Poi ci sono i giochi dei bambini. Quelli, per definizione, si scompongono. Possono pure essere indicati per bambini al di sotto dei tre anni, ma i pezzi ci sono ugualmente, solo più grossi (così quando ne perdi uno si nota subito e, come genitore, sai di avere un problema da risolvere. Un altro!).

Un giorno, aggirandomi per le scansie di un negozio di giocattoli ho annunciato, determinata: «Ne prendo solo di un pezzo unico!». Certe cose dovrei dirle da sola, tra me e me, ma quella volta ero con mia cognata e mi pareva brutto non comunicarle la mia decisione. Sobbalzò, mi appoggiò una mano sull'avambraccio come se dovesse impedirmi di buttarmi dalla finestra e scandì: «Sei pazza?».

«Scusa?»

Persino il negoziante, incuriosito dalla foga di Camilla, si era fermato per ascoltare la conversazione.

«I giocattoli di un unico pezzo non stimolano la creatività. Devi prendere *intrattenimenti destrutturati*, l'ho letto su una rivista... Non puoi crescere i tuoi figli con una visione del mondo come di un oggetto sul quale non possono intervenire...»

Il resto fu l'elogio della possibilità di smontare e di rimontare come momento nodale nell'evoluzione psicopedagogica dei nostri eredi.

Il giocattolaio se ne andò con una curiosa smorfia di ammirazione (non so se per me o per Camilla) e io mi sentii in colpa, così comprai un puzzle da cento pezzi. A oggi ne sono rimasti solo venti, attualmente sparsi in venti angoli diversi del mio soggiorno. Da allora, si sappia, non ragiono più ad alta voce in presenza di altre madri. Tanto meno di mia cognata, ma lei è un argomento a parte.

Sono così, con un fagotto di indumenti avvolti in una coperta infeltrita, in testa l'eco della voce di Camilla, il Grillo Mannaro, quando arriva Arturo. Arturo è il mio piccolo uomo. Centodieci centimetri segnati l'altro giorno sullo stipite della porta della cucina, un pigiamino verde un po' scappato e i capelli arruffati.

Entrambi i miei figli hanno il risveglio istantaneo (e precoce, ma solo nei giorni di festa). Dal momento in cui aprono gli occhi sono al massimo delle potenzialità.

«Da 0 a 100 in un secondo» fu la definizione di

Claudio una volta che nostro figlio si era svegliato parlando.

Arturo arriva saltellando. «Mamma, ti aiuto!»

Ne approfitto: «Grazie, tesoro. Potresti...».

Però l'ho detto, no, che è un uomo? E infatti... «Prima però guardo un cartone alla tv!»

Ecco, appunto.

«Vengo anch'io!» e Sofia si arrampica sullo schienale del divano per scavalcarlo e incollarsi al fratello. Arturo sbuffa, alza gli occhi al cielo, si passa una mano sulla fronte.

«Non puoi stare qui» dice serio, scostandosi per mettere una spanna d'aria tra sé e la sorella. «Voglio guardare una cosa da maschi grandi.»

Sofia si ferma, bacchetta in pugno e sbaffo di latte sulla bocca. «Calcio?» chiede sospettosa.

«No, non te lo posso dire» e intanto Arturo sbircia il tavolinetto.

Sofia ha capito cosa manca e vuole essere la prima ad arraffare la preda. Si alza indifferente e prende tempo. «Se non lo puoi dire è perché non lo sai... io invece lo so cosa voglio vedere!»

Solleva un giornale e fatica a contenere la delusione di trovarci solo il ripiano del tavolino.

Inspiro fiera di me e ruoto leggermente per mostrare il telecomando, infilato sotto la mia ascella sinistra: «Mi dispiace» annuncio soddisfatta. «Oggi niente tv: si riordina.»

Arturo scatta in piedi: «Non è giusto! Non è la mia festa: è la sua! Riordina lei!».

«Io sono la festeggiata e non posso lavorare.» Sofia ha stretto le braccia al petto e la stella le lampeggia vicino a un orecchio.

Cerco di chetare gli animi. «Artù, fai colazione. Ne parliamo dopo.»

Troppo tardi. Lui sta già correndo a infilarsi nel corridoio da cui è arrivato: «Papà! Sofia fa i capricci!».

Non so se sono solo i miei figli che hanno la tendenza a creare squadre in famiglia, soprattutto del tipo maschi contro femmine, ma mi auguro che il coniuge si svegli pieno di ragionevolezza, voglia di fare e partecipazione collettiva.

Il suo grugnito da orso in letargo non mi rassicura. «Adesso arrivo. Ancora dieci minuti...»

Parto a passo marziale verso lo sgabuzzino dove stiperò tutto ciò che dovrebbe avere un posto ma non ce l'ha e di certo non lo troverà oggi (sta a dire una buona parte di ciò che vortica in casa) e metto in chiaro ad alta voce: «Dieci minuti non li ha nessuno, oggi! Sveglia!».

La voce da orso reagisce. «Okay, capo...»

L'uomo che ho sposato merita una parentesi, fosse solo perché in questi giorni ha corrisposto perfettamente al marito-modello: croce e delizia. Soprattutto croce.

Dunque, l'uomo in questione si chiama Claudio. È un omarone grande e grosso. No, non è ingrassato dopo avermi sposato: è sempre stato tarchiatello. Ma anche alto, eh.

Proprio questo suo bel corpaccione solido fu uno dei fattori iniziali di una cotta stratosferica, risalente a una dozzina di anni fa.

Claudio è un tipo rassicurante a partire dalla mole.

È moro, molto moro. È così scuro che per sembrare umano deve essere pallido. È il tipo che può rasarsi due volte al giorno ma quella seducente ombra di barba dalle sue guance non sparisce mai.

Da come considero questo alone di pelo so se lo amo, lo sopporto o lo detesto. Quando lo amo (e così è stato, incondizionatamente, almeno per i primi quattro anni) mi sembra l'insegna della sua virile seduttività. Se lo vedo come un problema da risolvere, lo sto sopportando (è capitato). Se lo valuto come segno del residuo della nostra discendenza dai primati, lo odio (anche questo è capitato, eccome!).

Comunque sia, non l'ho sposato solo perché in quel momento la sua barba mi piaceva. Mi fosse interessato solo quello, lo avrei tenuto come amico speciale per i momenti di solitudine, fino a che artrosi e paste per dentiere non fossero arrivate a separarci.

Quando è entrato nella mia vita lo ha fatto come fa un po' tutte le cose: con la grazia di un elefante che sfonda una cristalleria.

Ci incontrammo su una barca a vela. Il mio primo pensiero non fu granché. Suonava qualcosa tipo: "Una volta che entra lui, o non ci sarà più spazio o affondiamo".

Mi smentì e mi sorprese: sapeva issare una vela come fosse fatta di trine e il vento non esistesse, ma allo stesso modo occupava poco spazio ed era molto rispettoso degli altri. Per quanto ingombrante, non ingombrava (a differenza mia, che urtavo ovunque allora come ora). Mi conquistò definitivamente affrontando la prima brezza accanto a me e mettendomi due dita in gola per aiutarmi a vomitare. Non so come fece a non renderlo imbarazzante, ma ci riuscì. Liberata della mia tripla colazione a base di maritozzi (sì, eravamo in Sicilia), vidi il mondo con lenti rosa e caddi irrimediabilmente ai suoi piedi.

All'epoca ero fidanzatissima con Luca e per i tre giorni che durò la nostra escursione fui dilaniata da sensi di colpa che, molto più del mal di mare, mi impedirono di consumare il tradimento. Appena messo piede (con gran sollievo) sulla terraferma, presi il primo aereo, tornai da Luca, lo lasciai con gran tatto, sfoggiando le frasi di rito «Non sei tu, sono io», «Vogliamo cose diverse» e via dicendo (ovviamente lui mi apostrofò lo stesso come "gran figlia di..."), risalii su un aereo e in meno di ventiquattro ore mi avvinghiai al mio nuovo amore, che allora mi sembrava eterno e inossidabile. Invecchiando sono diventata più consapevole che il destino sa riservare le più varie sorprese e non è che non ci siano stati momenti bui, cupi, cupissimi e addirittura esasperanti, ma se siamo sopravvissuti fino a ora ho ottimi motivi per credere che qualcosa di buono, insieme, lo abbiamo fatto. Per esempio, stiamo sopravvivendo a due figli parecchio ingombranti. Anzi, no, la prova più difficile è stata sopravvivere alla sua famiglia. La mia è perfetta? No, ma purtroppo la sorte se l'è ripresa troppo presto e dunque non è entrata in gioco nella questione.

I miei suoceri, invece, sono piuttosto arzilli e... È persino difficile immaginare da che parte iniziare!

Mi adorano, mi amano, mi sono spasmodicamente affezionati. Sembra che non ci sia niente di male? Calma. Il motivo di tutta questa loro affezione è che io incarno le aspettative che il primo dei loro due figli ha disatteso. Suocero e suocera hanno gestito per vari decenni un negozio di antiquariato. Desideravano tanto che un loro erede subentrasse e hanno scommesso tutto sul primogenito, cioè Claudio. Lui, al contrario, non vedeva l'ora di sbarazzarsi del «vecchiume tarlato» (parole testuali). Così, finita l'università (ingegneria meccanica... se fossero stati più attenti l'avrebbero almeno intuito che le antichità non facevano per lui!) si è buttato a fare il meccanico progettista per un team di Moto GP. Non so se si siano mai ripresi dal trauma. Forse i quattro bypass di mio suocero dicono che il recupero, se c'è stato, non è stato facile.

Io, invece, sono il direttore del museo archeologico. Loro non vanno per il sottile. Lo dicono spesso: «La roba antica è tutta antica» e non fanno distinzione tra una cassettiera Stile Impero e un'iscrizione romana. Dunque? Dunque mi stanno addosso come le zecche a un terranova. A ogni piè sospinto dispensano consigli, aneddoti e suggerimenti del tutto indesiderati. La cosa che salva me da una reazione isterica e loro dalla delusione più profonda nei miei confronti è che viviamo a duecento chilometri di distanza: noi nell'area periferica della metropoli satura di polveri sottili e loro sulla ridente riviera, tra gabbiani, sassi e imbarcazioni da diporto. Loro soffrono la distanza che a noi pare la minima necessaria per farci sopravvivere.

Poi ci sono il fratello di Claudio, cioè Giorgio, e sua moglie Camilla. Io li chiamo La Famiglia Ducale. Se fosse Famiglia Reale avrebbe impegni e doveri, invece il rango minore consente loro di godersi l'aristocrazia in maniera intima e supponente. Il fatto è che Giorgio porta solo camicie impeccabilmente stirate, cosa che mia suocera non manca mai di sottolineare. Lui, del resto, è il figlio che li ha appagati di più: è rimasto nell'ambito dell'antiquariato, dedicandosi alla mediazione d'affari con alcune delle maggiori case d'asta europee.

Camilla, la cognata Grillo Mannaro, gli sta al pari con affettata puntualità, trasudando eleganza dai suoi tubini immancabilmente accompagnati da sobri girocollo di perle. Fa la segretaria di produzione per un documentarista e lei stessa potrebbe essere il tema di un lungometraggio dal titolo: *La Donna Perfetta e l'Immaginario Comune.*

Pure loro, ahimè, sono dediti alla sorte di Claudio e mia, ma – triplo ahimè – vivono poco distanti.

Quando guardo le foto in cui siamo affiancate, sembriamo la locandina di una commedia romantica dal titolo *La Miserrima Tapina e la Donna Vera.*

Del loro bambino, Ottavio, che ha solo un anno più di Arturo, devo adesso tacere: si sappia solo che lui e il mio bimbo potrebbero ben rappresentare la scena degli Unni (Arturo) che sfidano le truppe papali (Ottavio).

Okay, il quadro non è completo, ma per ora la mia mente rifugge da una più dettagliata analisi della situazione.

Ore 12.50

La casa è quasi a posto. Basta non aprire un paio di porte, tipo quella del ripostiglio e la nostra camera da letto: sono le esili barriere che contengono il delirio. Se salta una maniglia e si sparpaglia tutto per casa, mi giustificherò dicendo che è esploso il diserbante che spargo sempre sotto i tappeti. Lo sanno tutti, ormai, che il diserbante è esplosivo, no?

Siccome sono una donna avveduta, per il pranzo ho preparato solo panini, per non trovarmi tra i piedi pentole e piatti sporchi. Questo fa di me una donna previdente ma forse non una buona madre: troppi carboidrati, parecchi grassi, poche fibre e verdure assenti ingiustificate. Mia cognata Camilla alzerebbe graziosamente gli occhi al cielo sospirando a lungo: un'espressione che so imitare bene, grazie anche al fatto che l'ho personalmente indotta più volte sul suo fotogenicissimo volto.

Comunque sia, oggi non sarebbe solo dalla cucina che si potrebbe avere un'idea esatta della mia dedizione materna. Infatti, pure il menu della festicciola del pomeriggio abbonda di stuzzichini ipersalati, patatine in sacchetto opportunamente strafritte, dolcetti con overdose di coloranti e zuccheri puri, per tacere della torta in cui la cosa più sana è un grasso insaturo. Peccato che il troppo trafficare mi abbia tolto l'appetito e la sola idea che tra poco arrivino cabaret colmi di junker food risvegli la nausea che mi assilla da stamattina. È forse per questo che non ho ancora aperto l'armadietto in cui ho riposto tutti gli sfizi alimentari comprati al supermercato l'altroieri come aggiunta al "premio-spesa".

Che cos'è il "premio-spesa"? Una di quelle cose cui si arriva solo dopo alcuni anni di matrimonio, in momenti di spossante affaticamento.

L'origine sta nel fatto che Claudio, io e i bambini cerchiamo di andare a fare la spesa tutti insieme, una volta alla settimana. "Tutti insieme" evoca un'immagine idilliaca di famigliola da pubblicità?

Errore! È un compromesso storico del quale sono l'ideatrice e di cui rivendico la maternità.

Il tutto nacque dal fatto che quando Sofia era appena nata piangeva sempre e non dormiva mai: per questo andare a fare la spesa era un sollievo. Significava potersi allontanare da casa un paio d'ore e indulgere con un alone di legittimità tra le corsie, schiacciando microsonni tra gli yogurt e il gorgonzola, cullati dal ronzio dei frigo.

Ricordo che una volta mi regalai una nanopennica davanti alle granaglie per criceti. Mai avuto un criceto in vita mia, comunque, ma ogni pretesto era buono per fermarsi qualche minuto di più: ero semplicemente disperata.

Dunque, per questa sua aria di festa, la spesa era ambita tanto da Claudio quanto da me. Siccome di bambini ci si è sempre occupati metà (cioè, ad andare per il sottile, circa metà) per ciascuno (cambi di pannolino e pappe incluse), ogni volta che arrivava il momento della spesa litigavamo perché ognuno di noi due riteneva di avere un vantaggio netto rispetto all'altro e di meritarsi un po' di tregua.

Erano dialoghi inascoltabili, ma piuttosto comuni, tipo: «Io ho cambiato tre volte il pannolino».

«Io quattro!»

«Sì, ma le tue erano tutte pipì, invece a me sono capitate due cacche!» Quand'ero all'università non avrei mai pensato di poter avere una conversazione del genere!! E, se lo avessi immaginato (magari in un incubo), avrei pensato che il mio principe azzurro sarebbe stato un po' più cavalleresco, ma questo è un altro paio di maniche.

Insomma, era un pomeriggio di giugno quando, sul punto di perdere la vacanza-supermercato, ebbi di colpo una reazione estrema. Ringhiai: «Da oggi in avanti o tutti o nessuno».

Non dormivo da due notti e Claudio colse la mia proposta per quello che era: un'alternativa allo sfogo della pulsione omicida che mi stava crescendo dentro.

Andammo insieme e scoprimmo che Sofia si estenuava durante le spese e poi dormiva sodo. Da allora, solo malattie stagionali o impegni improrogabili ci impediscono la spedizione in comitiva.

Quando siamo lì, tutti insieme, con due carrelli e i bambini che li spingono, scegliamo qualche genere alimentare gratificante da consumare durante il viaggio di ritorno in auto: il "premio-spesa" appunto, perché siamo stati bravi e abbiamo riempito la dispensa come scoiattolini laboriosi.

Nel tempo siamo passati dal cioccolato del mercato equo e solidale agli anelli di cipolla fritti del bancone della gastronomia (nessuno è schizzinoso tra noi), anche se di solito andiamo a parare sulla frutta secca o sui gelati.

Ore 14.00

Sofia non sta più nella pelle e saltella per casa berciando.

Io ho fatto una doccia per scacciare un principio di mal di testa, ma scommetto che il mal di stomaco è solo peggiorato.

Claudio ha ripulito il giardino e ha addirittura regalato a nostra figlia una coroncina di margherite mandandola in visibilio. L'ha messa in equilibrio sulla sommità della sua testolina e poi ha detto: «Grazie che non l'hai fatta per la mamma».

Sul viso di Claudio si è aperto un sorriso incerto, mentre a me è arrivata una stilettata al cuore. Lo so, lo so che è normale che la mia figlia femmina cerchi di spodestarmi dal cuore di suo padre, è un gioco vecchio come il mondo, ma se il mondo è vecchio le mamme sono sempre nuove e ogni stilettata è come se fosse la prima sotto la volta del firmamento.

Claudio e io ci scambiamo un'occhiata e forse cercheremmo un modo per raccontare qualcosa che ci distragga tutti, ma fortunatamente non è necessario. Il campanello manda un richiamo imperioso e in casa arrivano la torta e due clown. Ma non in quest'ordine: i due clown sono i primi davanti al cancello, belli ingombranti con le loro parruccone rosso-semaforo e giallopolenta e gli sgargianti costumi con tanto di, doveroso, scarpone king-size. Dietro a loro un uomo sorridente regge due enormi vassoi che provengono dalla forneria-pasticceria del quartiere. Di fare in casa pizzette e focaccine non me la sono proprio sentita. Mia cognata lo avrebbe fatto, lo so.

Da accanita estimatrice di *It* di Stephen King non mi capacito di come abbia potuto organizzare una festa per i miei figli con un pagliaccio come intrattenitore. Mi discolpo immediatamente ricordando che l'organizzazione è avvenuta in due telefonate e secondo due criteri imprescindibili: il minor costo e la massima durata dell'offerta. Adesso dovrei annotarmi mentalmente di non far mai leggere a Sofia quel libro ma tra cinque minuti me ne sarò già dimenticata.

L'allegra combriccola entra, accolta da Sofia che si esibisce in qualcosa di molto simile a una danza tribale di entusiasmo euforico. Mi domando se le resterà un po' di energia per soffiare sulle candeline, poi mi ricordo della quantità di carboidrati che le ho fatto ingurgitare e inizio a temere che ne avrà fino a tarda sera. Io per arrivarci dovrò ricorrere a un ettolitro di caffè.

Claudio si dedica al montaggio (senza istruzioni!) del gazebo che ha riesumato dalla cantina ieri pomeriggio. Avrebbe potuto farlo prima, ma ovviamente ha rimandato fino all'ultimo minuto con biechi pretesti. Così adesso tocca a me distrarre Sofia dalle contumelie di suo padre e mentre il clown con la parrucca gialla (che ha una voce da bambina per cui sospetto sia a stento maggiorenne) occulta gli indizi del pezzo grosso del pomeriggio: la caccia al tesoro.

Di Arturo non dobbiamo preoccuparci: sta ancora setacciando casa alla ricerca del telecomando (che ho nascosto sotto il materasso del mio letto). È troppo orgoglioso per chiedere il mio aiuto e, soprattutto, troppo impegnato a sembrare indifferente: la festa non è la sua e non intende collaborare con nessuno. Buona parte del suo broncio è legata al fatto che ha potuto invitare uno solo dei suoi amici e, altro aspetto non trascurabile, tra gli invitati ci sono decisamente troppe femmine per i suoi gusti.

Se non avete mai mediato tra due fratelli infanti, chi e quanti amici dell'uno e dell'altro invitare a una festa, non avete idea della fatica. Nel mezzo della trattativa, avvenuta una settimana fa in cucina, mi sono sentita come un mediatore incapace nel pieno di una guerra civile. A proposito, tutte le mamme come si deve (quelle tipo Camilla, per intenderci) fanno gli inviti con almeno due (se non tre) settimane d'anticipo. Solo quelle come me, che hanno una vita sola pur ammonticchiando impegni che ne richiederebbero tre parallele, fanno gli inviti una settimana prima. Qual è il risultato? Che i vostri figli vi considereranno inaffidabili e voi passerete serate al telefono per pietire con le madri degli ospiti orari che si intersechino con la vita di piccole pesti i cui impegni fanno concorrenza a quelli di un manager all'apice della carriera. Vabbe', con l'aria che tira meglio che siano impegnati adesso visto che per essere disoccupati avranno tempo più avanti (ahinoi!).

E, mentre fate tutto questo, non potete perdere di vista quanti maschi e quante femmine ci siano (le quote rosa iniziano presto a essere un problema), l'ammontare massimo di amici concessi alla festeggiata e il *quid* legittimo di amici del fratello. Quest'ultimo non è stato raggiunto, motivo per cui Arturo è più attento al telecomando che ai palloncini da gonfiare e alle ghirlande di cartapesta da appendere.

Ore 14.50

La casa ha l'aspetto di una gaia trincea, in attesa dell'arrivo di ventidue bambine (compagne di classe, amiche di scuola provenienti da altre classi, compagne di danza) e quattro maschietti agguerriti. La vera felicità rigermoglia ogni volta che ricordo a me stessa che La Famiglia Ducale non ci allieterà con la sua aristocratica presenza: sono in trasferta a Londra.

Sofia mi stringe la mano: «Sono tanto emozionata!».

Le sorrido e mi sboccia in petto un fulmine di tenerezza. Sono passati solo cinque anni e mi ricordo quando è nata. Un orribile batuffolo di carne rosa stropicciata e fresca, con la boccuccia spalancata. E, dietro alla sua testolina (che conservava un po' la sagoma di un fagiolo), gli occhi lucidi di Claudio. Con la nascita di Arturo, il primogenito, l'idea di "carne della mia carne" si era fatta così concreta che, appena lo avevo visto, ero scoppiata in un pianto commosso che mi aveva lavato la faccia.

Con Sofia tutto era stato più veloce ma anche in qualche modo più violento, e mi aveva stupefatto come quella bimba rosea e nemmeno troppo rumorosa fosse riuscita a devastarmi come un tornado.

L'ostetrico me la porse e mi sorrise. Sì, era un ostetrico con la "o", un maschio. Un giovanotto muscoloso e simpatico che sembrava ancora capace di commuoversi, per quanto Sofia fosse la venticinquesima nata di quel giorno.

E lui di quei venticinque bambini doveva averne visti parecchi, perché era alla fine del turno, come aveva più volte detto tra una mia spinta e l'altra. Okay, forse la sua poteva essere stanchezza più che commozione. Comunque, sorrideva lo stesso e gliene fui grata.

Quando mi trovai il corpicino nuovo di zecca di Sofia tra le braccia non seppi che cosa dire. Mi ero preparata un sacco di cose dolci e tenere (chissà perché gli aggettivi per l'amore si adatterebbero bene anche alla zucca ben cotta...). Lo avevo fatto perché non riuscivo a ricordare quali fossero le prime parole che avevo rivolto ad Arturo. Nemmeno Claudio se le ricordava. Quella dimenticanza mi sembrava un buco vergognoso nella ragnatela della mia memoria: un richiamo impudico al fatto che avrei dovuto essere una madre più attenta. Dunque, per il secondo parto mi ero organizzata mentalmente con anticipo, per non essere presa alla sprovvista. Ma nella mia vita va sempre così: l'imprevisto mi aspetta al varco ed è tanto più pervasivo quanto più credo di essermi organizzata. Mia nonna me lo diceva sempre: «Non fare progetti se non vuoi sentire la risata di Dio». E così accadde. Il travaglio inesistente, quel batter d'occhio che avevo impiegato per precipitarmi all'ospedale, i tre minuti (percepiti) per passare dal pronto soccorso al lettino della sala parto con una donna che mi saltava sulla pancia e l'ostetrico che gridava: «Spinga, che la vedo!»... Insomma, tutto mi aveva preso in contropiede e confuso. La mia vera natura di madre un po' scriteriata prevalse sull'immagine di me che mi ero costruita come mammina premurosa. Presi la mia bambina e le dissi: «Piangi pure, tu, ma me la sono vista brutta anch'io!». Sofia lanciò un urletto che secondo me era una risata e me ne compiacqui: mia figlia aveva un sano senso dell'umorismo, ne ero sicura (per ora non mi ha mai smentito). Certamente Claudio riuscì a essere più amorevole o almeno più presente a se stesso, perché disse: «Benvenuta, tesoro». E da allora la chiama sempre così: "Tesoro". Arturo è "amorino" e io "amore grande". L'ho già detto, no, che ho sposato un uomo da manuale? (Un manuale con un certo numero di refusi, errori e indicazioni sbagliate, ma data la gran quantità di copie fallate che gira mi guardo bene dal lamentarmene, almeno oggi).

Ore 15.30

I due pagliacci non hanno ancora commesso nessun gesto efferato, anche se in varie occasioni una loro reazione violenta sarebbe stata più che giustificata.

Le bambine sono vestite come damigelle d'onore ma schiamazzano, starnazzano e si agitano come gli ospiti di un rave party ed esigono, pretendono, contestano i giochi. Alcuni vicini di casa si sono affacciati per salutare e poi si sono ritirati chiudendo le imposte, che – in un pomeriggio in cui il termometro sta sfiorando i 27 gradi – è un messaggio abbastanza chiaro.

Dal cancello è passata anche Delly, la baby sitter che ci aiuta durante la settimana e che, soprattutto, è figlia di una delle prime famiglie che abbiamo conosciuto traslocando qui sette anni fa. Sua madre si chiama Caterina e, appena ci fummo installati, ci portò dei biscotti, in vero stile campagna tranquilla (scoprii solo più tardi che aveva appreso l'usanza dai telefilm americani).

Per quanto Arturo e Sofia abbiano insistito per farla entrare, Delly ha allungato il suo regalo (una raccolta di canzoni dello Zecchino d'Oro) e si è allontanata quanto più velocemente possibile. Prendete una studentessa universitaria, fatela convivere tre ore al giorno con dei bambini under sette e scoprirà che studiare la domenica pomeriggio non è poi tanto male.

Dalla finestra della cucina guardo il giardino brulicante di bambini scatenati, le cui voci mi giungono attutite. Avrei bisogno del caffè che non riesco a mandare giù e ho in mano un bicchiere per ingoiare un analgesico capace di far paura al mal di testa che mi sta divorando il cervello.

«Tutto bene?»

Claudio, alle mie spalle, ha un raptus di commozione: «Sono bellissimi, vero?».

«Sì» annuisco, anche se non era esattamente quel che stavo pensando.

Mi stringe la vita appoggiandomi il mento su una spalla per continuare a guardare oltre i vetri della finestra (che, visti con questa luce, reclamano una bella pulizia). «Sofia è molto felice» e sospira, da vero padre innamorato.

«Sì» convengo, e non è che non sappia dire altro, ma ormai è urgente l'analgesico.

Lo butto giù e appoggio il bicchiere. Claudio, su cui i bambini esercitano sempre un effetto che lo fa diventare mieloso come una vecchia balia, mi prende la mano. La mano destra. Quella dove dovrebbe esserci l'anello che non c'è e che mi sono dimenticata di cercare, ma che ora mi ricordo benissimo di non aver cercato. Un po' per il senso di colpa, un po' perché non voglio che gli venga in mente quell'anello, ma soprattutto perché tutto è molto più bello se non hai il mal di testa, scosto la mano e gli chiedo una cosa che io stessa mi sto domandando: «Perché Giulia non è ancora arrivata?».

Claudio mi fa girare verso di lui e mi guarda reclinando il capo: «Brutta emicrania, eh? Giulia è arrivata mezz'ora fa, con Lorenzo».

«Senza Stefano?» Mi stupisco perché Giulia e Stefano, da quando si sono sposati, sono come Stanlio e Ollio: non c'è l'uno senza l'altro.

«Non l'ho visto» fa spallucce Claudio. «Arriverà.»

Intanto, Arturo lo richiama dalla soglia: «Papà, dove sei? Inizia la caccia al tesoro e avevi promesso che stai in squadra con me!».

Claudio gli sorride allungando una mano per arruffargli i capelli (non che ce ne sia bisogno, lo stadio di arruffamento è sempre avanzato sulla testa di mio figlio). «Arrivo!»

E lo segue felice.

Io, alla caccia al tesoro, quasi preferisco il mio mal di testa, però sorrido a mia volta, come se fossi entusiasta e li seguo mentre escono.

Giulia, in effetti, è arrivata e la scorgo sotto il gazebo, accanto al tavolino con le cibarie. Sembra una foto anni Trenta: vistosi occhiali da sole con la bordura bianca, caschetto scuro trattenuto da una fascia di tela intonata con la gonna di lino chiaro, camicia scura come le scarpe, appoggiata allo schienale della sedia di plastica con il fare di una diva da film muto.

Le arrivo a fianco e mi sistemo su un'altra delle nostre traballanti sedie verde scuro, un po' stinte dal troppo sole. «Ehi, tutto bene?»

Lei spinge gli occhiali da sole che stanno scivolando e sorride. «Abbastanza, grazie.» Si guarda attorno come non fosse mai venuta a casa nostra e annuisce: «Bella festa. I bambini si divertono molto, anche Lorenzo».

Il figlio di cui parla è il suo, ha tre anni e sta osservando il pagliaccio rosso come osserverebbe un'astronave: incantato e atterrito. Gli altri bambini si stanno assiepando lì attorno perché sono sul punto di essere divisi in quattro squadre, a ciascuna delle quali finirà una delle grosse buste rosa con il primo indizio della "Grande Caccia al Tesoro di Sofia" (scritto in glitter rosa scuro. Buste tono su tono, molto eleganti!!).

«Stefano a che ora arriva?» chiedo a Giulia, mentre incoraggio Sofia con un sorriso.

La mia amica trova molto interessante una pagliuzza che le è finita sulla punta della scarpa. «Sua cugina stava male, l'ha accompagnata al pronto soccorso.»

Conosco quasi tutta la famiglia di Stefano, visto che lui e Claudio sono amici da secoli. Infatti sono stata proprio io a presentarlo a Giulia. «Non sta bene Maria?»

«No, un'altra. Una che non conosci.»

È assodato che Stefano ha più cugine che bottoni alle camicie, ma non è che Giulia si risparmi in dettagli sul parentado. Anzi, di solito taglia i panni in striscioline sottilissime, quindi è strano che tronchi il discorso in questo modo, ma l'emicrania frena fortemente la mia curiosità e il discorso muore lì, direi senza rimpianti per nessuno.

Seduta accanto a Giulia, mi godo lo spettacolo. Non ci diciamo niente, ma va bene così: il nostro è un silenzio amichevole e normale. Lavoriamo insieme cinque giorni alla settimana perché lei è tutto l'ufficio segreteria (sì, proprio segreteria: lei è un intero settore, mica una sola persona) tuttofare al museo. Per di più ha sposato Stefano, il più stretto amico di Claudio. In queste condizioni si può stare un po' in silenzio senza imbarazzo. E poi ho esaurito le parole con tutte le mamme che hanno accompagnato i piccoli ospiti. Per fortuna nessuna si è dovuta (o voluta) fermare. Quale donna adulta sana di mente rinuncerebbe a tre o quattro ore di libertà in una domenica pomeriggio di maggio e di sole?

Ore 16.15

Mi accorgo che l'analgesico sta facendo effetto quando il suono di una vuvuzela che annuncia la risoluzione del primo indizio non mi provoca una crisi di nervi. Controllo e vedo Sofia che brandisce con violenza belluina un fiore finto che era stato abilmente mimetizzato tra quelli veri. Dietro a lei, Arturo osserva quello stesso fiore con occhio assassino, mentre Claudio lo conforta con una mano sulla spalla. Sarei curiosa di sapere se mio marito ha fatto in modo che fosse la squadra della festeggiata a vincere o se si è lasciato proprio sfuggire qualcosa. Allungo il collo per capire meglio e nello stesso istante una bocca imperlata di rossetto rosso semaforo mi stampiglia un bacio: «Cara! Siamo arrivati!».

Difficile non riconoscere il profumo di Beatrice. Però, no, non è il tipo di profumo a fare la differenza, direi piuttosto la quantità. Difficile pensare che qualcuno oltre a Beatrice sia capace di mettersi mezza boccetta di profumo per volta.

Questo azzera la mia attenzione sugli attriti familiari post-caccia al tesoro.

Il plurale che Beatrice ha usato accende la mia curiosità perché di quel "noi" conosco soltanto la parte che è il "lei" e del "lui" ho solo sentito parlare. Accanto a me anche Giulia scatta in piedi e il nuovo fidanzato di Beatrice si trova davanti due mani tese (tra cui scegliere quale stringere per prima) e quattro occhi che lo scrutano (come nemmeno uno scanner all'aeroporto saprebbe fare).

La prima impressione non è malvagia. Spalle dritte, giacca sportiva e pantaloni di tela leggera perfettamente in tinta. Se proprio volessi trovargli un difetto, direi che ha abbastanza naso da farsi ombra ai piedi e un'incipiente stempiatura che fa mal pensare per gli introiti futuri del suo barbiere.

Si presenta con *aplomb* da distinto signore del secolo scorso, ma in capo a un secondo ne ho già scordato il nome. In teoria, dovrei sapere come si chiama, ma tra noi lo chiamiamo solo "Il Nuovo". E, se sembra dispregiativo, è perché la malizia sta nelle orecchie di chi ascolta. Chiamarlo "Nuovo" significa che è il più recente ma non esclude possa essere "L'Ultimo" nella concatenazione di compagnie virili di Beatrice. Chiamarlo "Il Nuovo" è pure un omaggio reso alle capacità seduttive della nostra amica che, nonostante – come noi – veleggi sempre più lontana dall'ultima cifra tonda delle candeline sulla torta, non pensa affatto a mettere la testa a posto (ammesso che coniugarsi sia un modo per farlo).

Beatrice intanto è andata a salutare i bambini e a offrire a Sofia il suo obolo. Mia figlia la bacia, mio figlio la guarda con una venerazione che avrebbe un alone mistico se Arturo sapesse cosa significa "adorazione". Il pagliaccio maschio ondeggia la testa per far scorrere gli occhi su e giù per il corpo di Beatrice, fasciato in una straluccicantissima seta esotica. Farebbe lo stesso anche mio marito, se non fosse troppo abituato a quel fiorire di forme che renderebbero qualsiasi altra donna "giunonica" e che Beatrice si porta in giro come se fossero accessori scelti la mattina per intonarsi alle scarpe.

Il resto dei bambini la studia, senza capirci granché, ma per istinto le bambine restano immobili fino a che la pagliaccia femmina non richiama tutti – «Allora, dov'eravamo rimasti?» – e scommetterei che in quelle parole c'è un rimprovero particolare per il pagliaccio maschio.

Intanto, il Nuovo ha trovato la terza sedia da giardino e l'ha offerta a Beatrice, restandole in piedi al fianco (ma da dove esce quest'uomo? Sembra l'ultimo diplomato all'Accademia Nazionale per Gentiluomini, prima che ne murassero porte e finestre).

Beatrice si accomoda e accavalla le gambe sistemandosi su un fianco, ruotata verso di noi: «Ragazze! Vi ricordate l'appartamentino che sto sistemando?».

Giulia e io annuiamo anche se tutte e due stiamo studiando l'esemplare di maschio che le sta accanto come un candelabro spento.

«Ecco, insomma... è già pronto e questa settimana andiamo a viverci insieme!»

L'affermazione di Beatrice abrade ogni mio pensiero e spinge Giulia a far scivolare gli occhiali da sole sulla punta del naso. (Ha gli occhi gonfi, ma di questo mi occuperò dopo.)

Bea spalanca un sorriso da Stregatto (anche le mie metafore dicono molto sui riferimenti culturali di questi ultimi anni): «Non vedevo l'ora di dirvelo!».

«Hai il rossetto sui denti» le fa notare Giulia. Quindi no, non è possibile abbracciarsi subito per festeggiare la lieta novella. Beatrice apre la borsa per cercare uno specchietto e altrettanto fa Giulia, frugando in una borsetta che – noto con la coda dell'occhio – è piena di fazzoletti di carta appallottolati. (Forse dovrò occuparmi di quello che le sta succedendo prima del previsto.)

Mentre le due rovistano come una Mary Poppins qualsiasi, io resto impacciata a osservare l'Uomo Senza Nome che prima era Il Nuovo e sta pericolosamente diventando Il Definitivo. Lui mi guarda perplesso e si strofina le mani (unghie curate e anello con sigillo... la mia curiosità si risveglia ancora di più).

Finalmente lui apre la bocca per articolare una frase

di senso compiuto. Indica le due borse aperte e comunica: «Mentre questa caccia al tesoro continua, vado a vedere l'altra».

Ha una bella voce bassa e ha persino capito cosa stanno facendo i bambini in giardino. Intuitivo! Lo osservo allontanarsi e mi nasce pure il sospetto che abbia i glutei sodi. Morale? Mai giudicare un uomo dal ciuffo.

Ore 16.45

In cucina sto controllando che la torta da tagliare non si stia squagliando e che le candeline siano ancora dove le ho messe, quando dal giardino sento un'esplosione di voci.

Non è la solita canzoncina allegra accompagnata da vuvuzela per un altro indizio rivelato. No. A orecchio ricorda un litigio al mercato.

Esco di corsa.

Giulia è visibilmente fuori di sé. Suo figlio Lorenzo strilla accanto a lei.

«Lo aveva in mano lui il campanellino!» inveisce lei, tirandosi in braccio il bambino che stringe in pugno un sonaglio di plastica gialla.

Sofia, sotto, gli tira una gamba e urla: «È mio! L'ho visto prima io!».

Sofia e Giulia continuano il tiro alla fune di un Lorenzo sempre più ululante mentre il pagliaccio rosso e la pagliaccia gialla cercano di distrarre gli altri bambini.

Beatrice mi corre incontro agitando le mani: «L'indizio l'ha visto prima Sofia, ne sono testimone!».

Claudio sta entrando in casa strofinandosi violentemente gli occhi. «Ho l'allergia. Devo sdraiarmi un momento...»

«Ma come?! Adesso?!» Strillo anch'io, ma è l'effetto

del condizionamento ambientale. In realtà, avrei parecchia voglia di mettergli le mani al collo!

«Adesso» conferma Claudio. «Mi faccio l'antistaminico, mi stendo e torno appena riesco. È pieno di tarassaco, là fuori!»

«Non lo hai strappato tutto?» Il mio livello di astio coniugale sta sfiorando la soglia di rischio.

«Io? Quello allergico? Dovevano toglierlo quelli che hanno potato gli oleandri!»

In effetti Claudio ha gli occhi gonfi e lacrimosi e un filo di moccio che cola dal naso. Sofia e Giulia continuano il tiro alla fune umano, mentre l'azione diversiva dei pagliacci si sta rivelando inefficace.

Mi rivolgo a Claudio con fare stizzito: «Non puoi prendere l'antistaminico e restare ancora dieci minuti?».

«Non riesco proprio» mormora con il naso tappato e gli occhi infuocati, barcollando verso il bagno.

«Ci penso io» assicura Arturo, spuntato al mio fianco. Ha in mano la sua spada jedi e se fossi in me capirei che la situazione sta prendendo una brutta piega.

Ore 17

Sofia ha un vistoso segno jedi sul retro della coscia e Giulia ne ha uno parallelo sull'avambraccio sinistro. Arturo è in castigo in camera sua. La caccia al tesoro è stata sospesa. Il pagliaccio rosso si è tolto la parrucca ma fa lo stesso, perché ha dei magnifici dreadlock nero carbone.

Mio marito, a giudicare dai gemiti, potrebbe non arrivare a sera (ma ogni primavera è la stessa storia, non mi preoccupo. Almeno di lui no!).

I piccoli ospiti, aizzati dalla tragedia che è stata sfiorata, si stanno facendo in quattro per riattivare la festa.

Ore 17.15

Con minacce, ricatti e adulazioni, i bambini sono stati radunati in cerchio attorno alla torta, dove Sofia sta spegnendo le candeline per metà a soffio e per metà a spruzzo.

I pagliacci (il pagliaccio e mezzo, per la precisione) orchestrano la canzoncina *Tanti auguri a te* che i piccoli ospiti strillano con quella vena di frizzante isteria che pervade tutti quelli che hanno visto una festa di compleanno trasformarsi in una rissa horror.

Giulia e Beatrice sono chiuse in bagno.

Il Nuovo Ma Forse Definitivo tracanna bibite gassate come se non ci fosse un domani.

Io faccio un mentale conto alla rovescia per arrivare alle 18 e intanto sorrido. Ma è solo un'emiparesi. O una perfetta imitazione di quello che farebbe mia cognata in una situazione simile.

Anche se, ovviamente, lei non si sarebbe mai trovata in una situazione simile.

Ore 18.15

Il pagliaccio e la pagliaccia ci hanno salutato di fretta, i bambini sono stati ritirati con puntualità svizzera e Sofia sta spargendo per casa i regali. Ha cercato di convincere Il Nuovo Ma Forse Definitivo a giocare con i cosmetici finti, ma lui ha preferito mangiare arachidi davanti al canale sportivo satellitare (gli ho concesso il telecomando perché le bibite zuccherate erano finite).

La porzione maschile della mia famiglia resta fieramente arroccata nelle rispettive camere.

E io?

Be', io sono piombata su uno sgabello della cucina e quasi rimpiango il mal di testa. Mi conforta enormemente il pensiero che la perfettissima Camilla non abbia assistito al tracollo della celebrazione e al mio personale fallimento come madre.

Giulia ha gli occhi nascosti tra le pieghe della pelle gonfia e Beatrice le tiene la mano.

I fazzolettini sono finiti e sono stati sostituiti con la carta da cucina (speriamo basti).

«Ma quando esattamente se ne è andato?»

Stanno parlando di Stefano, marito fuggiasco. (Ecco cos'era che non andava!)

«Non se ne è andato» spiega Giulia, tamponandosi il naso e gli occhi con una pallottola di carta imbevuta di lacrime, muco e saliva. Le allungo un pezzo di carta nuovo, che stropiccia continuando a tamponarsi con l'altro. Deve essere un po' confusa perché emette suoni inarticolati e gutturali prima di ricominciare: «Sono stata io a cacciarlo. Lui aveva preparato la valigia e sperava che io non me ne accorgessi. Ma io l'ho beccato e gli ho detto che poteva andarsene. E lui è uscito. Però sono stata io a chiudergli la porta dietro le spalle! Fa una bella differenza!».

Beatrice annuisce comprensiva e sospira come una che fosse stata abbandonata migliaia di volte (invece, di norma, è lei che prepara le valigie ai poveretti e gliele fa recapitare a nuovi indirizzi o trovare sul pianerottolo. Una volta toccò a me portare una valigia dall'anziana madre di un partner scaricato. Quasi mi presi due ceffoni. Lo ricordo benissimo!). Quando ha smesso di annuire, approva: «Certo... Lo hai mandato via tu, sicuro».

Io non sono poi tanto d'accordo. Non mi piacciono le menzogne a fin di bene, non quelle grosse come case. «Sì, ma a voler andare per il sottile...» La pedata che mi arriva da Beatrice fa cambiare rotta alle mie intenzioni. Mi massaggio la rotula e stringo i denti, impostando la voce a imitazione della cognata. «Hai ragione, Giulia. Fa una gran differenza. Una differenza fondamentale.»

Una seconda pedata stronca la mia enfasi. Giulia, che non si è accorta dei nostri scambi, riprende. «Lo sentivo che qualcosa non andava, ma mi rifiutavo di crederci. Che scema, eh?»

«Sì...» Sposto prontamente la caviglia e la pedata di Bea va a vuoto. Voglio finire un discorso, accidenti! «Cioè, sì sei scema come lo siamo tutte noi donne oneste che ci fidiamo dei nostri mariti e compagni.»

Lancio un'occhiata di sfida a Bea per vedere se può avere qualcosa da ridire anche su questo, ma lei si limita ad alzare un sopracciglio (incerta non capisco se sulla nostra onestà o sui nostri compagni e mariti).

«Secondo te, ha un'altra?» domando cauta.

«Non lo so» e Giulia si soffia il naso. «Adesso è da sua madre.»

Beatrice scuote la chioma artificiosamente rossa con il fare dell'intenditore: «Se è così, allora non ha un'altra.»

Io sarei felice di sapere che Claudio non ha un'altra, ma Giulia è di diverso avviso. Batte un poderoso pugno sul tavolo e fa tintinnare i contenitori con gli avanzi. «Ma se non ha un'altra, perché se ne è andato?»

«Potrebbe essere la crisi di mezza età» le assicura Beatrice.

Giulia sferra un secondo portentoso colpo al mio mobile. «E allora perché non si è semplicemente fatto un'amante giovane come fanno tutti, senza mettere in mezzo me e Lorenzo?»

E tutte e tre allunghiamo il collo verso Lorenzo, che subito dopo il capriccio si è addormentato su una poltrona e adesso sbava sul mio cuscino bianco. Soprassiedo.

Giulia mi artiglia un braccio con forza prodigiosa: «Credi che Claudio possa saperne qualcosa?».

Scuoto la testa. «Lo escludo. Me lo avrebbe detto!»

Giulia continua a scuotermi il braccio. «Potresti provare a chiederglielo.»

Metto la mia mano sulla sua, per non farmi scarnificare. «Appena sta meglio,» le assicuro «lo faccio.»

«Dovresti farlo ora» mi fa eco Beatrice.

«Ma è in camera» protesto. «Ha preso l'antistaminico e sta dormendo.»

«Vabbe', mica sta morendo» e Bea sbuffa. «È chiaro che qui stiamo affrontando un'emergenza e lui dovrebbe darsi una mossa.»

Cerco di divagare e chiedo a Giulia: «Aveva molte cose in valigia?».

«Ha svuotato l'armadio!»

Beatrice non ama i guardaroba risicati. «Tutto il suo vestiario sta in una sola valigia?!».

«Deve averne preparate almeno altre due, prima» sbotta Giulia un po' risentita per l'osservazione di Beatrice, come se fosse stata accusata di aver lasciato naufragare il proprio matrimonio per scarsezza di abiti. «Mancano tre valigie dal ripostiglio.»

«Ah...» faccio io.

«Eh... Premeditava» conclude Beatrice, come avesse scoperto un dettaglio che ci mancava.

«Ma la porta alle spalle gliel'ho chiusa io!» replica Giulia e sottolinea il concetto con la terza violenta manata al ripiano.

«Certo, certo!» la rassicura Beatrice e, veloce, cambia argomento. «Però adesso devo aprire un attimo una parentesi. Vi ho detto, no, della casa nuova?» sorride stringendo le mani al petto e guardando in alto. «Io e Francesco lo troviamo un appartamentino bellissimo.»

Francesco! Ecco come si chiama Il Nuovo Ma Forse Definitivo.

Beatrice è completamente travolta dal proprio discorso (Francesco, invece, continua a guardare il canale delle notizie sportive e a mangiare arachidi, togliendosi con le unghie qualche residuo dagli spazi interdentali. Ha perso quasi tutto l'*aplomb* dopo sole tre ore deliranti tra bambini e adulti urlanti). «Ed è già stato anche arredato... è stata una splendida occasione. Un'amica di Francesco che fa l'arredatrice d'interni era libera e siamo andate subito d'accordo: modestia a parte, il risultato è divino!»

Beatrice la sta facendo lunga e Giulia batte il piede, ansiosa di riprendere a lamentarsi.

«Martedì pensavo di dare una festa, la sera. Non potete mancare! Venite, vero? Sarebbe una bella distrazione anche per te, Giuly.»

Giulia non è in grado di reggere la notizia e batte i pugni sul tavolo. «No! Non ho niente da mettere! Niente da mettere!»

«Un problema con i saldi?» Claudio è entrato con una faccia tipo Elephant Man e non ha colto la delicatezza del momento: «Dove sono i fazzoletti di carta?».

Sto per allungargli il rotolo di carta da cucina, ma Giulia è più veloce di me e glielo tira addosso. «Sapevi tutto, ammettilo! Sapevi tutto e non mi hai detto niente!»

E tutto il resto è rissa. Di nuovo.

Ore 22.45

L'anello che non ho più al dito non è nemmeno sul comodino. È stata una vera delusione. Per la miseria, sono arrivata lì convinta di trovarlo e rassicurando me stessa con un ripetuto: «Lo troverò, non ne dubito».

Già mi sarei dovuta insospettire, anzi non avrei mai dovuto consentire a me stessa di cadere nel mio stesso volgare imbroglio. Conosco questo giochetto che faccio spesso con me stessa: mi rassicuro formulando una risposta verosimile che disinneschi la mia preoccupazione, ma rifiuto di verificarla perché, se controllassi, rischierei di farmi tagliare le gambe dalla mia stessa bugia. Lo facevo anche da piccola, a scuola. Quando dicevo a me stessa di sapere d'avere in cartella il diario per non dovermi ricordare dove effettivamente lo avevo messo. Il fatto era che il mio diario stava dappertutto, fuorché dove avrei preferito che fosse. Deve essere per questo che sul diario (di scuola o di memorie) non ho mai scritto niente di personale. O solo cose troppo personali. Siccome ero sicura che, trovandoselo tra le mani, mia nonna non avrebbe resistito all'idea di dare una sbirciata con il pretesto ufficiale di controllare i compiti (o che non stessi combinando guai), giocavo alla confessione indiretta. Tipo annotare sotto la scritta *Compito in classe di matematica* (o *Oggi non è successo niente di particolare*) un esultante sfogo, tipo *Ho baciato Marco!* Così non dovevo spiegare a nessuno che uscivo con Marco, perché gli interessati (mia nonna) lo sapevano già.

Vabbe', questo non toglie che l'anello non è al suo posto. Mi sento una cretina a non ricordare dove l'ho appoggiato (o dove potrei averlo perso). Non temo che qualcuno (tanto meno Claudio) controlli il mio anulare destro o la cassaforte nascosta nel punto più ovvio della casa, cioè dietro la stampa appesa in camera (l'unico quadro in tutta la stanza, quello che basta guardarlo e grida: «Sono qui perché nascondo qualcosa!»).

Quell'anello è il mio portafortuna e mi sta a cuore perché era appartenuto alla bisnonna di Claudio, l'unico suo consanguineo che susciti in me una certa simpatia. Questo non dipende dal fatto che ne ho conosciuto solo la fotografia (mentre tutti gli altri li ho purtroppo incontrati in carne e ossa). La questione è che la bisnonna ha segnato tutte le generazioni seguenti con lo shock familiare di una fuga in Kenya (anno 1886) dalla quale tornò con un nerboruto servitore di colore dal quale non si separò più neppure dopo il matrimonio con un vizzo vecchietto. Non trascurabile dettaglio, il servitore le sopravvisse, rivelando più o meno sordidi dettagli della loro vita comune.

L'anello è d'oro e ha incastonate due perle di fiume strette attorno a uno smeraldo quadrato. La leggenda domestica narra che fu il servitore a portare lo smeraldo in dote, mentre le perle di fiume la bisnonna di Claudio le strappò dalla collana di una signorina piuttosto antipatica, con cui si azzuffò per oscure ragioni.

Potrei mai rassegnarmi a perdere un oggetto che ha più storia delle pagine di un libro?

E poi, diciamolo: l'ho avuto alla faccia di mia cognata e questo gli conferisce un ulteriore tocco di inestimabilità.

Ore 22.55

Dunque, riassumendo: Claudio è in stato vegetativo al mio fianco, imbottito di antistaminico, antidolorifico, camomilla e rum. Credo che ad avvilirlo più delle graminacee sia il fatto che il suo amico Stefano gli abbia tenuto nascosta la propria fuga da casa. Come lo stesso Claudio ha bofonchiato: «Tra uomini non si fa così. Tra uomini si esce, ci si ubriaca e ci si dice tutto». Poi si è rigirato tra le lenzuola, ha fatto un paio di starnuti, si è asciugato il naso nel lenzuolo (non è rimasto altro in cui asciugarsi il naso) e ha guaito: «Certe cose uno non dovrebbe scoprirle nella cucina di casa propria».

Non lo ammetterà mai, ma il colpo di carta da cucina infertogli da Giulia lo ha messo più a terra di un diretto.

Ora respira a bocca aperta e sibila.

Il resto della famiglia è incredibilmente silenzioso.

Sofia si è addormentata con il suo vestito rosa svolazzante, abbracciata a un set di unghie finte.

Arturo sta sognando con un sorriso a fior di labbra: l'idea che la festa di sua sorella sia finita in vacca lo soddisfa enormemente, anche se non lo ammetterebbe per nulla al mondo.

Io, in camicia da notte, imbalsamata con una crema che costa più della festa di compleanno di mia figlia, potrei finalmente sdraiarmi e godere del meritato riposo.

Potrei farlo se non sentissi un trillo lontano. Il mio cellulare.

Ore 22.56

A quest'ora sarebbe normale stessi dormendo. Potrei dunque non rispondere e domani, se ce ne fosse bisogno, giustificarmi sottolineando «Dormivo sodo».

Purtroppo è tardi e appartengo alla categoria di persone che erano giovani quando i cellulari non esistevano. Per quelli come me, la chiamata a tarda sera è un implicito allarme.

Ai miei tempi (wow, l'ho detto sul serio?! Sì, ho detto davvero «ai miei tempi»!) non si stava sdraiati con la testa sul cuscino e il cellulare in mano: per chiamare tardi bisognava andare in pigiama nell'anticamera non riscaldata e comporre il numero trascinando la rotella di plastica che emetteva un *trrrrrr* lento per ogni cifra. Era uno sforzo che non si faceva se non era proprio necessario. Per questo, per me, una chiamata a quest'ora è un allarme.

Mi tiro in piedi e vado in soggiorno, al telefono. Ma piano (dai «miei tempi» a «oggi» qualcosa ho imparato). Se resistono più di sette squilli vuol dire che è davvero urgente, altrimenti rinunciano e io torno a dormire.

Vago a piedi nudi per la casa in penombra. Il cellulare è sul ripiano della penisola, dove ancora ci sono fazzoletti appallottolati, carta da cucina stracciata, tazzine di caffè sporche, briciole dello spuntino serale e bicchieri di liquore che ancora odorano.

Nella luce fioca sopra il piano di cottura guardo chi sta chiamando. I miei suoceri.

La sventurata, cioè io, risponde: «Pronto?».

Seguono quindici minuti di delirio in cui: mia suocera vorrebbe che svegliassi Sofia perché si vergogna di essersene dimenticata il compleanno. Lo escludo e mi oppongo. Mio suocero annuncia il loro arrivo da noi la prossima domenica, per il compleanno di Arturo. Vorrei escluderlo e oppormi, ma non posso. Mia suocera (i due si alternano al telefono) mi raccomanda di tenermi forte perché arriveranno con una strepitosa sorpresa.

La bomba, però, esplode poco prima dei saluti: per il

fine settimana dopo il compleanno di mio figlio è stato fissato un weekend in barca con i suoceri e La Famiglia Ducale. Claudio ha garantito che ci saremmo stati ma si è scordato di riferirmelo. Traditore. Vile marrano. Schifoso congiuratore.

Riaggancio e sospiro.

23.10

Sono a letto, fisso il soffitto e mi massaggio lo stomaco. Però razionalizzo, come faccio di solito quando la nausea mi assale. E la nausea mi assale quando lo stress mi stringe d'assedio. E un'amica in crisi, una festa di compleanno alle spalle, una telefonata dei suoceri e la reazione allergica che tuo marito prende come una banca centrale prende una crisi mondiale... be' si può dire a ragion veduta che è una situazione di stress degna della mia nausea fotonica. Dunque, razionalizzo. Per me, razionalizzare è segmentare: ridurre la realtà in frammenti piccoli come una tessera del puzzle e analizzarla singolarmente. Tessera del lavoro, tessera della relazione coniugale, tessera del rapporto madre-figli, tessera del rapporto con i suoceri (be', questa la lascio per domani mattina), tessera del fine settimana in barca (rimossa, per ora), tessera della dispensa (se non è piena il criceto che c'è in me fa scricchiolare la ruota), tessera del bagno pulito, tessera delle mutande lavate e piegate nei cassetti.

Okay, c'è chi si addormenta contando le pecore e chi si addormenta contando le tessere. Io appartengo alla seconda scuola di pensiero.

Secondo giorno

Lunedì 22 maggio

Chi poco, chi troppo

Ore 6.30

Quando suona, la sveglia interrompe un sogno movimentato che mi vede impegnata a strozzare Wanda. Le prendo tra le mani il collo, ma quello non ha consistenza e si allunga come fosse fatto di gomma. Lei emette un suono simile al lamento notturno di un chiurlo steso sotto un cuscino di polistirolo. Per quanto infierisca, non riesco nemmeno lontanamente a porre fine alla sua esistenza, anche se le mie mani grondano sangue.

Giulia e Beatrice, ondeggiando su una barca a vela, mi fissano con lo sguardo di disapprovazione che farebbe mia cognata, fino a che io non grido «Che ve ne importa? Perché state lì a guardare? Adesso la chiamo io la polizia, con questo, che è nuovo!» e tolgo dalla tasca dei calzoni la sommità infuocata dello scettro di Sauron, con cui ho l'evidente pretesa di fare delle telefonate.

Nel dormiveglia capisco che il mio Super Io ha preso in mano le redini della settimana. In testa al suo calendario c'è la scritta *Definisci l'allestimento della mostra che verrà inaugurata sabato.* Non che me ne fossi mai davvero dimenticata, ma questo sogno mi mette tutti i neuroni in allerta e già mi sento fremente, pronta ad alzarmi e a scattare per la lunga corsa che mi farà arrivare (forse!) da qui a sabato.

Solo cinque minuti ancora e poi mi alzo davvero. Facciamo dieci, che è il caso di essere ben corroborata per le fatiche che si prospettano. Ma non supererò il quarto d'ora, prometto.

Chiudo gli occhi e mi ritrovo di nuovo con le mani attorno al collo di Wanda, mentre mia cognata è al timone della barca su cui rolliamo.

Meglio chiarire, a questo punto, chi sia Wanda. È la stagista che abbiamo preso perché si occupi di raccogliere le prenotazioni per la mostra e organizzare comitive e gruppi per le visite guidate. Del calendario di disponibilità delle guide avrebbe dovuto occuparsi lei, invece l'ho stilato io facendo le ore piccole. La mostra inizia sabato e le telefonate fioccano da più di un mese grazie anche all'ottimo lavoro di Mirella, il nostro ufficio stampa. Wanda, per quanto selezionata con rigorosi criteri dall'ufficio del personale del Comune (cui fanno capo anche la soprintendenza e tutti gli uffici museali), è una ragazzina tanto imbranata quanto volenterosa, con l'espansività di un gas: finché c'è spazio, si allarga. Il mio sogno di strozzarla è solo la sublimazione di una tentazione che ho represso più volte nelle ultime settimane. Sento che ogni giorno rischiamo di perdere visitatori preziosi per la sua inettitudine a pianificare gli ingressi. Eppure il nostro evento (e, soprattutto, il nostro museo) ha bisogno di visitatori a frotte, da ogni angolo della nazione, dell'Europa e del mondo (okay, basterebbe la nazione, ma sognare è bello).

L'occasione merita e sono immodestamente fiera che l'idea sia stata tutta mia.

Ricongiungeremo i due sarcofagi etruschi (III secolo a.C., qui non si scherza!) delle sorelle Seianti, Larthia e Thanunia, nella Sala delle Pietre, che è il luogo più suggestivo del museo perché ha le pareti interamente rivestite di antiche iscrizioni lapidee.

Il sarcofago di Thanunia proviene dal Museo Archeologico di Firenze, con il quale abbiamo da sempre ottimi rapporti. L'altro, quello di Larthia, arriva dal British Museum, e ottenerlo in prestito è stata una conquista che mi ha entusiasmato. Intendo dire: farsi prestare un pezzo da chi riesce a tenere in piedi una delle strutture museali più famose e grandi al mondo proprio grazie alle mostre organizzate intorno ai singoli reperti ha significato dimostrare una credibilità che non era affatto scontata.

Negli ultimi mesi ho dedicato sforzi titanici a rendere possibile l'evento e questa settimana si serrano le fila per l'allestimento e l'inaugurazione, fissata per le 15.30 di sabato. È normale che i miei sogni (e i miei incubi) convergano lì.

E poi, diciamocelo, quando ho esposto l'idea alla famiglia, una domenica che eravamo a pranzo dalla Famiglia Ducale, i commenti del Grillo Mannaro trasudavano diffidenza. Se non avessi voluto a tutti i costi farle rimangiare lo scetticismo di cui mi aveva irrorata, non avrei fatto il diavolo a quattro come invece ho fatto poi.

Sarà per quest'ultimo pensiero che apro gli occhi e mi rendo conto che ho le palle girate, sono inversa, torva, scontrosetta. Tutto ciò dà come risultato una scarsa socievolezza e un'ancor più scarsa propensione a produrre. Morale? Non c'è mai una morale! Il lieto fine non esiste! Il genere umano è naturalmente cattivo!

Scordavo: nottetempo, anche la mia valutazione generale dell'esistente ha subito un leggero contraccolpo. Tipo un colpo inatteso di boma.

Okay, niente panico. Un caffè, mi ripiglio e poi raddrizzo la giornata, il mondo e persino i destini della Storia. Prima, però, doccia e colazione.

Ore 7.35

Siamo in ritardo. Siamo tutti un po' di cattivo umore e nella fretta ci intralciamo. Tutto come al solito, quindi.

Claudio si è alzato ma sembrava ancora una cernia scongelata male e gli ho abbuonato altre due ore di sonno.

«Puoi restare a letto» gli ho detto con la voce mielata che uso per i rimproveri coniugali. «Ti lascio dormire ancora un po' se in cambio mi fai due favori.»

Ho alzato il pollice e l'indice e avevo tutta la sua attenzione. Ce l'ho sempre quando uso il tono di minaccia dolce.

Ho puntato l'indice: «Pulisci la casa fino a farla diventare uno specchio».

Ha sorriso e annuito, rilassandosi. Poi ho alzato il pollice come i bambini che fanno la pistola con la mano, e ho sparato la bordata: «Mi levi di torno la gita in barca, altrimenti divorzio».

Ho sorriso mentre le sopracciglia gli disegnavano in viso un'arcata interrogativa che le spingeva verso l'alto.

Ci siamo fissati in faccia un paio di istanti e poi lui ha detto solo «Va bene» e ha starnutito. Io sono andata a domare le belve.

Sono arrivata in cucina e il caos mi ha colpito come un pugno. Ero sul punto di pentirmi ma mi sono riavuta: un po' di lavoro fisico aiuterà Claudio a meditare sui suoi misfatti e sulla vita in generale. La fatica è tutta salute, soprattutto nei momenti critici dell'esistenza.

Ovviamente, a casa di mia cognata le cose si risolvono in tutt'altra maniera. Hanno una colf che viaggia per casa con il piumino e lo strofinaccio sei giorni su sette. Se rinasco, prima di incarnarmi, mostro a chi di dovere la foto di mia cognata e mi faccio una vita come la sua. Io, da parte mia, non riesco nemmeno a mettermi il mascara: se pure ne ho il tempo, rischio di cavarmi un occhio con due bambini e un marito che entrano ed escono dal bagno e hanno sempre bisogno del lavabo, sopra al quale è appeso l'unico specchio decente. Ovviamente, a casa di Camilla e Giorgio i bagni sono due (veri) e in ciascuno il lavabo è doppio: per truccarsi dopo essersi riprodotti, è un accessorio vitale. Io soccombo e sfoggio il pallore vampiresco che è un dono di natura.

Sulla soglia di casa faccio l'inventario e mi pare di avere tutto. Poi mi preparo alla lotta quotidiana con Sofia. Oggetto del contendere: il solito golfino (oggi è giallo canarino).

Glielo offro con la consueta raccomandazione molto materna: «Prendilo altrimenti hai freddo».

Lei mette le mani dietro la schiena, come da copione: «Ma io ho caldo».

«Adesso, ma proprio per questo poi avrai freddo» (questa frase è priva di qualsiasi logica, ma la prima madre la disse al primo figlio e da là è discesa fino a mia nonna che la diceva a mia madre, che la diceva a me che ora la dico a Sofia e Arturo. Anche loro, appena saranno genitori, aspetteranno la prima occasione buona per sfoderarla con i miei nipoti).

Sofia mette il broncio: «Tu hai freddo, ma io ho caldo».

Nell'altra mano ho un capo d'abbigliamento anche per il pargolo. «Arturo, prendi la felpa pure tu.»

«Anch'io ho caldo.»

Sofia trionfa: «Se non la prende lui, non la prendo nemmeno io».

Guardo l'orologio e poi i miei figli, minacciosa. Arturo non è tipo da spaventarsi, e forse io non incuto timore a nessuno. Mi punta contro il suo indice: «Mamma, perché tu non l'hai il golfino?».

«Perché l'ho in ufficio» garantisco (ed è vero).

«Tu non hai nemmeno la canotta che fai mettere a noi» si aggancia Sofia.

«Io sono grande» e cerco con questo di tagliar corto, ma mi sbaglio.

«I grandi muoiono, i bambini no» e si capisce che Sofia è forte di questa certezza. «Sono i grandi che si ammalano sempre e si lamentano. Guarda papà!»

«Papà è allergico» lo giustifico (anche se una parte di me vorrebbe sbranarlo).

«Noi no e abbiamo caldo.»

Quest'ultima frase di Arturo mi esaspera. Prendo le felpe e le lego in vita a tutti e due. Stringo abbastanza perché sia chiaro che non ammetterò repliche.

Ore 7.43

Arturo è seduto dietro di me, sul suo seggiolino, a fianco c'è Sofia, imbrigliata nel seggiolone. Ciascuno impugna la propria cartella (cartella vera per lui, zainetto a imitazione per lei), tutti e due pronti al grande balzo verso la scuola.

I cuccioli cittadini hanno lo scatto incorporato: il traffico li educa a una rapidità di movimento pari a quella delle gazzelle nella savana. Ogni mattina si svegliano e sanno che dovranno correre per non fare tardi!

Nel lettore cd va a tutto volume lo Zecchino d'Oro e mi sorprende scoprire che so tutti i testi a memoria. Una volta cantavo i Led Zeppelin, adesso so che verso fa il coccodrillo. Ognuno è artefice del proprio destino.

Sofia tira le cinghie per sporgersi in avanti e farsi sentire sopra il *Valzer del moscerino*. «Mamma, perché noi siamo fuori e papà dormiva ancora?»

«Colpa dell'allergia, lo sai» la rassicuro sovrastando il coro di voci acute come spilli. Non mi ero accorta, prima, che l'aura del mal di testa mi aleggia ancora sulle tempie.

«Lo dicevo io che si ammalano di più quelli grandi. Perché sono vecchi!» Non è che parla così perché abbiamo partecipato a funerali recenti. Secondo Claudio è normale che i bambini della sua età passino una fase d'interesse macabro-mortuario.

«Ho sentito papà che parlava stanotte, non stava mai zitto» interviene Arturo.

Lo so bene, visto che le lamentele del consorte mi hanno svegliato a intervalli di mezz'ora fino almeno alle cinque. Mia nonna stigmatizzava l'attitudine virile alla lamentela da lieve malanno dicendo: «Se un maschio partorisse, si sentirebbe pronto per camminare quando il figlio diventa maggiorenne». Saggia donna.

«Mamma, ho dormito poco» conclude Arturo, con un clamoroso sbadiglio, giusto per confermare che anche lui è un maschio.

«Pure io» gli assicuro. Mi spiace dirlo, ma minimizzare è la mia prassi quando uno dei miei figli cerca un pretesto per essere compatito o, come accade ora, perché sa che se un genitore è a casa ha più probabilità di restare a casa a sua volta. Noi però abbiamo abbandonato il nido da svariate centinaia di metri e, come disse Hernán Cortés partendo alla volta delle nuove terre, «indietro non si torna».

Arturo, rassegnato ad andare a scuola, si drizza per guardare il traffico: siamo circondati da lamiere abitate. «Mamma, accelera, che siamo in ritardo.»

«Se accelera ci uccide» sentenzia Sofia, senza scomporsi. Poi, ordina: «Alza il volume, che non sento».

Sparo a tutto volume la storia di uno che va in giro ad accendere le stelle. E, mannaggia a me, mi ritrovo di nuovo a canticchiare.

«Uffa» sbuffa Arturo. «Sempre queste cosa da piccoli.» Se il cd fosse suo, non avrebbe niente da ridire.

«Mamma, ti suona il cellulare» mi avverte mia figlia. Le sa tutte lei.

Sto superando da destra e da sinistra, in una personale interpretazione del codice della strada. La borsa suppongo sia sotto il sedile del passeggero, dove l'ho lanciata caricando i bambini. Guardo l'orologio: sono in ritardo per la scuola ma puntuale per il lavoro. I bambini sono con me, il marito l'ho lasciato vivo e i suoceri li ho sentiti ieri. Non ci può essere niente di cui preoccuparsi. Potrebbe essere la chiamata mattutina di mia cognata. Di solito il Grillo Mannaro chiama Claudio, che le dà più corda, ma se lui non risponde, chiama me. È un puro gesto d'interesse affettuoso: ci chiede come stiamo, come va, se può essere d'aiuto. Io sospetto che voglia essere d'aiuto perché ci considera incapaci o per manifestare la sua innegabile superiorità, ma Claudio dice che sono troppo maldisposta e dovrei lasciarmi solo cullare dal suo affetto. Ma io lo so che anche i ragni avvolgono le mosche in un bozzolo di ragnatela e, se può sembrare premura, è certo che le apparenze ingannano. Perdere una telefonata di mia cognata, insomma, non mi turba.

«Rispondo dopo.»

«Guardo chi è?» si propone Sofia.

«No, tesoro, grazie. Non è necessario.»

«Magari è morto qualcuno.»

Mi sintonizzo sull'onda feretro-mortuaria. «Se è morto non ha fretta.»

Ore 7.52

«Siamo arrivati!» esulta Arturo.

Cioè, siamo arrivati grazie a una scorciatoia illecita che è consistita nell'imboccare un varco ZTL aperto per caso.

Ora ci sarebbe da aprire una parentesi sulla scelta di una scuola in centro. Perché mai?

Perché mio marito fa un lavoro che spesso lo porta a destinazioni diverse, a seconda che debba visitare un'officina, passare dall'ufficio o presenziare a un collaudo su pista. Io sono monotona sul mio pendolarismo per la quasi totalità dell'anno, quindi i pupi mi stanno in macchina come un cangurino nel marsupio della madre. Siccome il museo è fortunatamente vicino al centro, la scuola più vicina era fatalmente in centro. Non escludo che me ne sarei dovuta fare carico anche se non fosse stato così, ma questo è un altro discorso.

Taccio delle suppliche al dirigente perché li prendesse nonostante abitassimo fuori zona. E taccio ancora di più delle complicazioni dovute all'avere tutti i loro compagni di scuola sempre in capo al mondo rispetto a dove stiamo noi.

Con un colpo d'acceleratore e un efferato soffio di

frizione, sfido un'altra mamma che punta all'androne della scuola. Ci confrontiamo su una frenata all'ultimo minuto e ci sorridiamo solo perché ci conosciamo, altrimenti ci prenderemmo a colpi di braccio a ombrello e dita singole che valgono un discorso.

Tiro il freno a mano per inchiodare sul passo carraio a un pelo dal portone della scuola. Scendo di corsa e sbatto la portiera giusto mentre mi ricordo d'aver innestato la chiusura centralizzata e realizzo di aver chiuso in auto le chiavi.

Niente di grave: Arturo, ormai allenato all'evenienza, abbassa il finestrino. Sblocco la portiera posteriore buttandomi con il torso nell'abitacolo della macchina. Libero i bambini sganciando le cinture dei seggiolini con colpi ben assestati e li scarico sul marciapiede a peso morto. Li guardo avviarsi oltre il portone e, appena sono tecnicamente dentro la scuola, mi butto sul sedile posteriore, mi intrufolo tra i due sedili anteriori e mi rimetto al volante.

Scatto in retro allacciando la cintura di sicurezza mentre faccio manovra. Contemporaneamente spengo il cd, do volume alla radio e mi muovo in direzione museo.

Il cellulare squilla ancora, ma ho di nuovo dimenticato la borsa sotto il sedile. Però, che problema c'è? Non può essere un'emergenza a quest'ora del mattino.

Ore 8.50

Si dice che le difficoltà siano tutte opportunità. Io mi fido, per carità. Però mi sento di escludere che la chiusura del parcheggio di fiducia per allagamento rientri nel novero delle difficoltà che rinforzano le persone. Di sicuro le esasperano, peggiorano il loro umore e la loro relazione con il mondo. Per esempio, se non avessi dovuto vagare per circa un'ora alla ricerca di un parcheggiatore abusivo, se non avessi dovuto incastrare la mia auto tra due platani giocandomi uno specchietto, non avrei aggredito verbalmente la signora che stava facendo fare pipì al suo yorkshire sulla ruota della mia automobile. Non ho nulla contro gli yorkshire, ma detesto i cani in generale. Se la rissa non avesse solleticato i miei nervi come un plettro raschia le corde di una chitarra, non avrei chiesto al barista di rifarmi il caffè perché la tazzina era sporca di rossetto. Ho bevuto persino da tazzine con il bordo velato da un pelo di gatto, ma all'epoca non avevo avuto problemi né con il posteggio né con l'urina di canide.

Dunque, entro in ufficio strafatta di adrenalina e stress. Giulia non è in ufficio, ma non ho tempo di notarlo, perché sono in ritardo per la mia prima riunione. Non la prima perché la più importante, ma in quanto non avevo più spazio in agenda se non all'alba lavorativa del lunedì. E sono in ritardo di venti minuti. Il tema è la Donazione Filippi. Che poi è una raccolta di iscrizioni lapidee che la signora Filippi deve aver avuto in eredità da qualche zio tombarolo, bonificato vendendole e riacquistandole attraverso un'asta internazionale e poi lasciato a noi perché non sapeva dove metterle. Sono grata della sua scelta, per carità, ma il problema paradossale è che abbiamo più pezzi di quelli che riusciamo a esporre e, soprattutto, di quelli che riusciamo a conservare in buono stato: i nostri scantinati traboccano come scrigni preziosi e mi pare di sentire le urla di quelle vestigia che richiedono un buon restauro. Quando la signora Filippi è venuta a conoscenza della situazione e delle mie perplessità, si è fiondata nel mio ufficio, senza appuntamento. Per essere un'ottuagenaria che si sente con un piede nella fossa ha dimostrato una certa energia, a parte una quantità di soldi che mi ha fatto sospirare. Dunque, ha messo sul tavolo i fondi per il restauro delle sue iscrizioni e ha avuto una sordità acuta e selettiva quando le ho chiesto di riversare quei soldi su altri restauri più urgenti. Non bastasse, sentendo la lama del Tristo Mietitore che le preme sulla nuca, ha imposto tempi e modalità. Ci si è messo poi anche il Soprintendente, che tiene moltissimo a che l'operazione vada a buon fine, con la tacita speranza di attirare l'attenzione di altri prodighi milionari. Senza nessuna pietà per la mia agenda, oggi dovrò occuparmi pure di questo.

Il responsabile del restauro (di cui ricorderei il nome, se non avessi un conclamato problema con i nomi) mi sta aspettando.

Butto la borsa sulla seggiola girevole dietro la mia scrivania, arraffo l'agenda e sento il cellulare che squilla. Mi fermo e medito. Scuoto la testa e me ne vado: chiunque mi stia cercando sa che mi può trovare al numero del museo.

Ore 8.55

L'appuntamento è in sala riunioni, cioè l'unica stanza in cui abbiamo un tavolo sgombro e un paio di sedie (cigolanti) da offrire agli ospiti. Le pareti sono tappezzate con vecchie locandine delle nostre iniziative e qualche poster comprato durante i viaggi di lavoro (non che si viaggi spesso, ma quando capita...).

Appena entro, il mio interlocutore getta un'occhiata plateale al suo orologio da polso. Io l'orologio non lo porto.

Non è affatto un bell'uomo, ma potrebbe essere interessante, per esempio per chi ama quelli dai capelli folti e ricci domati con il gel e con la barba che sconfina nei peli del petto. Ma questi sono dettagli, perché il suo curriculum è specchiato, la sua fama giganteggia nel settore e se non ci siamo finora incontrati è perché il mio Soprintendente lo monopolizza.

Mi spiace solo che abbia un eloquio coinvolgente quanto quello di un prete durante un'omelia funebre (deve essere l'influenza di Sofia se mi vengono questi paragoni).

La sua competenza è indubbia, ma il suo amore per il dettaglio, le spiegazioni e gli esempi mi ricordano un ripasso dei miei esami universitari. I suoi continui paragoni con la Stele di Rosetta e gli strati di protezione di quella e le sue intenzioni di procedura mi stanno corrodendo i nervi. Quando pronuncia di nuovo, con un tocco di saccenza, la parola "prassie", la mia anima si stacca dal corpo e vaga per la sala riunioni alla ricerca di un diversivo, fino a che non inizia a stilare elenchi. Il primo è quello "degli errori quotidiani" e contiene:

– riprovazione per non aver affrontato più nel dettaglio la questione della gita in barca;

– rimprovero per la mancata ricerca dell'anello;

– dispiacere per aver mandato Giulia a piangere a casa sua, da sola;

– autocritica per non aver risposto all'sms di buona notte di Camilla, che mi chiedeva della festa;

– rammarico per non aver detto a Claudio della cena da Beatrice, domani.

Esaurito il simpatico momento "senso di colpa", passo all'elenco dei promemoria. I primi sei punti riguardano le scadenze di oggi per la mostra e mi fanno venire il formicolio allo stomaco. Ciò aggiunge all'elenco precedente un punto esclamativo: ho omesso di fare il conto dei giorni dal mio ultimo ciclo (tutta questa nausea e tutto questo mal di testa magari sono sindrome premestruale).

Non so più che elencare e l'uomo davanti a me non accenna ad arrivare alla fine. Peggio! Ha tolto dalla cartelletta dei fogli stampati fitti che mi allunga. Li prendo e li scorro con gli occhi.

Una voce nuova arriva dalla soglia: «Posso?».

«Hai portato il caffè?» chiedo, sicura che si tratti di Giulia, che dovrebbe partecipare a questa deliziosa riunione, ma latita.

«No, non è mia abitudine.»

In effetti, la voce è quella di un uomo. E che uomo! Il Soprintendente, ribattezzato da noi sottoposti il Superintendente. Non dovrebbe essere sempre qui, ma da quando il suo ufficio è stato invaso dalle formiche, stazionare da noi è il meglio che può fare.

Saluta il mio interlocutore (dovrei chiedergli un biglietto da visita per ripassare almeno il cognome) con un cenno della testa e poi si rivolge a me. «Volevo segnalare che il telefono squilla, ma nessuno risponde. Lei sa dove si trova la signorina Moretti?» Poi, neanche stesse presentando l'agente 007 a uno sconosciuto, fuga ogni mio inesistente dubbio: «La signorina Giulia Moretti».

Io non la capisco questa cosa che le donne, se sono dietro una scrivania senza essere un capo, sono sempre "signorina" e mai "signora" o "dottoressa" o il loro nome proprio.

Indipendentemente da questo, non ho una risposta alla domanda. Ho solo molte altre domande che fanno eco. Sto sul sicuro, rinunciando a un briciolo di professionalità: «Non ne ho idea».

Mai dire la verità in maniera troppo diretta. Forse

avrei dovuto tatuarmi questo motto in fronte attorno ai diciott'anni, per ricordarmene ogni mattina.

Il Soprintendente esce senza dire nient'altro, dopo aver alzato gli occhi al cielo. Io guardo vacua il restauratore e lui coglie l'occasione per riprendere dal noiosissimo punto in cui ci eravamo interrotti.

«Mi può aspettare un momento?» gli chiedo cortese.

«Certo» concede lui, riluttante.

Alzandomi sento che non avrò più il coraggio di sedermi qui a parlare di lapidi. L'esasperazione mi fa escogitare un piano di fuga: discorso noioso + voglia di caffè + sparizione di Giulia = amministrazione (magari non tutti possono permettersi di seguire il filo logico, ma per me è di chiarezza cristallina).

Restituendogli i fogli (un gesto, dal mio punto di vista, abbastanza eloquente), assumo il piglio deciso da manager che lui si aspettava fin dall'inizio e che io avevo omesso di innestare. Attacco con una *captatio benevolentiae*: «Di fronte alla sua competenza non mi resta molto da commentare, a parte pochi dettagli». Sorride e mi gioco il colpo di fioretto: «Lei è già passato dall'amministrazione per le pratiche burocratiche?».

Lui mi guarda circospetto. «Quali pratiche burocratiche?»

Ho trovato il suo punto sensibile e ci lavoro: «Tantissime, purtroppo». Agito le mani come nemmeno Eleonora Duse prima del sonoro. «Lo so che sono una noia, ma sa che poi i pagamenti possono ritardare anche di anni per una pura questione di scartoffie...»

Sto suscitando in lui il giusto senso di allarme e mi permetto un opportuno affondo. «Le converrebbe passare di là subito. Mentre io studio il plico» e accenno ai fogli che gli ho restituito, per chiudere con il paradosso che stavo preparando: «...che lei potrà consegnare alla nostra stagista. Se ci vediamo tra una decina di giorni saremo in tempo perché lei inizi nei termini previsti e io potrò produrre le mie osservazioni che, ne sono certa, saranno marginali al limite dell'irrilevanza».

Lui si compiace della mia ammirazione, ma punta al sodo: «L'amministrazione è al piano di sopra?».

Fingo rammarico: «Purtroppo non è in questa sede... deve andare in via Giolitti e chiedere della persona che si occupa dei fornitori esterni. Non ne ricordo il nome ora, ma la sapranno indirizzare».

Lui si alza, lasciando i fogli sul piano (non pare interessino molto nemmeno a lui). Poi si ricorda di dover portare a termine la sua parte: «Ma i dettagli che sono rimasti in sospeso?».

Scrollo la testa: «Abbiamo già fatto il più... aspetti. Anziché ripassare da qui, come dicevo prima, che ne pensa di risolvere gli ultimi dettagli magari via Skype? Approfittiamo della tecnologia! Non siamo poi dei fossili, no?».

«Perfetto!» Il suo entusiasmo mi fa pensare di averlo annoiato a morte come lui ha fatto con me. Destino!

Lo accompagno fuori dalla sala riunioni e sospiro di sollievo vedendolo allontanarsi in corridoio, cellulare all'orecchio, quasi certamente per chiacchierare con il proprio commercialista.

In sottofondo, il telefono trilla senza requie e io sono pronta a cercare di capire dove possa essere finita Giulia. O almeno queste sarebbero le mie intenzioni.

Ore 9.20

«Lola? Lola!»

La signora Guglielmini alligna al piano di sopra,

settore archivio documenti. No, niente a che vedere con un topo da scaffale. Niente occhiali spessi, niente chignon ingrigito, nessun pesante tailleur. Lei la pesantezza se la tiene tutta nell'anima, mentre fuori sfodera un viso dal maquillage impeccabile, saltella su tacchi spezza-femore e l'abitino attillato di oggi è fatto su misura (non per lei ma per chi vuole lustrarsi gli occhi).

Tutto questo impegno estetico, ahinoi, non fa di lei la donna che tutti vorrebbero, anzi: i maschi dell'area la evitano come i palloncini gonfiati evitano i cactus.

Punta contro di me una penna d'acciaio molto simile a uno spray antiaggressione. «Lola, ma quelli della tv sono per te?»

Dietro di lei ci sono una donnina minuscola dai capelli cortissimi e neri e un omaccione con una telecamera e un microfono montato su una lunga asta.

Sono in allerta all'istante. «Tv? Quale tv?»

La donnina mora si fa avanti fino ad arrivarmi in primo piano e mi studia di sotto in su. «No, signora, non siamo della tv. Siamo del CinePlus, il service che ha l'incarico per il documentario. L'intervista di oggi... avete preparato la location?»

La CinePlus?! Ma è la società in cui lavora mia cognata! Ora che ci penso, in uno degli ultimi pranzi della domenica mi pare ci avesse detto che stavano estendendo le loro aree d'interesse. E forse aveva pure accennato a una gara d'appalto, indetta dal Comune, cui aveva partecipato.

Mi era passato di mente solo perché tendo a rimuovere qualsiasi cosa dica. Se non ci vedessimo tanto spesso, starei più attenta, ma quasi ogni domenica pranziamo da loro tra cristalli, argenteria e finissima porcellana. Certo, Arturo e Sofia hanno fatto fuori mezzo servizio, purtroppo, però, questo non li ha fermati e hanno continuato a invitarci. Questi pasti comuni hanno un unico pregio: tengono in allenamento la mia fantasia. Ogni sette giorni esatti mi devo inventare una buona scusa per andare via prima, portando con me i bambini. Claudio lo lascio in ostaggio. Così, ogni domenica, io e i pupi passiamo il pomeriggio da soli. È un sollievo quando possiamo giocare o guardare un film insieme. È una tortura se effettivamente io mi sono portata a casa del lavoro e lotto perché mi lascino in pace per almeno delle mezz'ore consecutive. Immancabilmente, a ogni modo, Claudio rientra con una patina impalpabile di rancore, della quale ci guardiamo bene di parlare.

Comunque sia, adesso so che mia cognata supervisionerà la produzione e io e il mio lavoro finiremo sotto il suo sguardo cinico e arcigno. Mi venisse un colpo. Anzi, no, venisse a lei. Anzi, no, che poi magari dovrei tenermi Ottavio a casa. Che se ne andasse in ferie più spesso, ecco.

Guardo la Guglielmini che mi regala l'occhiata sprezzante riservata agli incompetenti e capisco che ne sa quanto me. Torno alla donnina mora (di cui è legittimo non conosca il nome, perché non me lo ha detto): «Scusi, quale intervista?».

«Guardi qui. Abbiamo ricevuto conferma venerdì...»

Prendo la stampata di un'e-mail che mi sta girando e vedo che la segreteria del museo, cioè Giulia, mettendo in copia l'ufficio relazioni esterne del museo, cioè sempre Giulia, ha approvato le riprese delle ore 9.30 di lunedì, alias oggi.

Ci sono pure io in copia all'e-mail.

Controllo l'ora dell'invio. Ore 18.15 di venerdì.

Certo, ma io venerdì sono uscita un'ora prima per andare a prendere Sofia e fare la spesa per la festa del suo compleanno. Poi c'è stato il sabato. Poi la domenica con il compleanno... Giulia abbandonata e quindi dimentica del suo lavoro. E io... be', io non ho più letto la posta elettronica.

«Abbiamo appuntamento con Giulia Moretti...» Mi fissa e specifica, nel caso non sapessi ricordarmene. «...la responsabile della vostra segreteria.»

Che faccio?

Memore del fatto che essere sincera non è la via migliore, aggiro l'ostacolo: «Oggi forse aveva un appuntamento fuori sede».

«È impossibile, legga qui!» e mi spinge il foglio sotto il naso, a riprova.

Arretro per difendermi. «Lei ha ragione, probabilmente sta arrivando...»

La morettina trancia il mio patetico tentativo di giustificazione: «Lei chi sarebbe?».

La signora Guglielmini si sta godendo lo spettacolo e, non richiesta, fa le presentazioni: «Lei è Lola Mastronardi, il direttore del museo».

Questo cambia drasticamente l'atteggiamento della donna minuscola, che esulta: «Fantastico! Possiamo intervistare lei. Chi può saperne di più?».

Non mi lascio lusingare. «Io non posso... non ho assolutamente tempo» e, in realtà, penso che sono struccata, ho la camicia stirata male e i capelli non vedono una parrucchiera da troppo tempo.

«Guardi, lei deve dire solo poche cose» e la tizia mi rifila in mano un dossier stampato. Nella sua vita precedente questa donna doveva essere una stampante laser. «Il resto del plot era già stato valutato con la vostra addetta. E tutto lo script è letto dal nostro speaker. Ne ha una copia? La vuole?»

«L'ho scritto io, non me ne serve una copia!» Recupero un po' di amor proprio e di autorevolezza, abbastanza per suggerire: «Potete cominciare dalle riprese del museo».

«Oggi era prevista l'intervista» si ostina la morettina.

«Ma in mancanza dell'intervistata...» sottolineo.

Lei sbuffa e scuote la testa: «Chiamo in studio e poi le faccio sapere».

Il ticchettio dei tacchi della Guglielmini che ascende al suo regno sbarazzandosi di noi è la colonna sonora che fa calare il sipario sulla miseranda situazione in cui mi trovo coinvolta.

Ore 9.35

Approfitto della latitanza della documentarista d'assalto e torno alla mia emergenza, sempre più emergente: sentire Giulia.

Entro nella sua postazione, che è anche il centralino, dove dovrei trovare Wanda, che però non c'è. (Sigaretta? Caffè? Trucco?) Che il mio fosse un sogno premonitore?

Mi siedo dietro la scrivania e prendo il telefono fisso. Il tavolo di Giulia è ordinatissimo, a un passo dall'asetticità di uno studio medico. Niente ninnoli, niente fotografie del bambino, niente calendari scarabocchiati, nemmeno un portapenne colorato. Solo una Bic nera in un barattolo di rete metallica nera, a fianco del monitor nero, appoggiato su un poggiamano nero. Che il suo umore non sia brillante non mi stupisce.

Compongo il numero del cellulare di Giulia, ma è staccato. Le lascio un messaggio in segreteria. Al fisso la linea è libera ma non risponde nessuno, nemmeno la segreteria. Questo mi fa balenare in mente l'immagine di un telefono strappato da un muro, ma deve essere solo perché ho visto troppi telefilm.

La documentarista mora che speravo di aver seminato entra senza bussare. «Mi spiace, non possiamo rimandare. Cioè, potremmo rimandare, ma dovreste comunque pagarci la giornata di lavoro. Senza luci, le panoramiche non le possiamo fare. Che ne pensa?»

Penso al nostro budget al lumicino, a tutte le nostre speranze appuntate sulla mostra come evento dell'anno e a quello che dovrò fare per riuscire a strappare le sponsorizzazioni necessarie per arrivare a chiudere il bilancio senza gravi perdite (le perdite economiche sono anche perdite umane e il personale del mio museo è la mia truppa: non voglio caduti né prigionieri). Penso a mia cognata e mi sale la pressione.

Prendo il toro per le corna: «Mi dia due minuti: mi pettino, mi trucco, trovo la stagista e sono da lei». Nei panni della donna manager non me la cavo poi così male.

Ore 9.45

Trovo Wanda davanti al distributore delle merendine e la aggredisco senza preamboli: «Posso sapere perché non ti prendi il disturbo di rispondere al telefono?».

Lei sbircia il display del cellulare che ha in mano: «Non mi hai chiamato!».

Mi arrabbierei se non fosse che sugli ipercorrettismi logici mi sto allenando con Arturo e Sofia. Per esempio, Arturo quando era molto piccolo usava un ipercorrettismo logico molto comune. Se cadeva, io o Claudio lo prendevamo in braccio e gli chiedevamo: «Dove ti sei fatto male?». Lui, puntuale, indicava il punto in cui era caduto (non il punto del corpo che gli doleva).

Adesso potrei quindi fare come facevo con Arturo e spiegare a Wanda che non era il suo telefono personale quello di cui mi preoccupavo, bensì quello dell'ufficio dove in teoria dovrebbe lavorare.

Lei però deve aver letto qualcosa nei miei occhi perché arrossisce: «Scusa, è che stavo di sopra a contattare le scuole che hanno compilato il form sul sito... qui sotto non volevo occupare la linea, che poi Giulia s'arrabbia».

Dovrei dimostrarmi padrona della situazione, come si addice a un capo, invece non riesco a contenermi e alzo la voce: «Questo è il problema: Giulia non c'è e non sappiamo dove sia».

Wanda sbatte i suoi occhi da cerbiatto, color nocciola, truccati con tutta quella pesantezza di trucco che solo quando sei molto giovane puoi credere sia il look giusto per l'ufficio. Distolgo i miei di occhi, e per tre ragioni: 1. Non ho voglia di arrabbiarmi troppo per non risvegliare la nausea; 2. Sono di fretta; 3. La sua giovinezza è così disarmante che: 3a, posso persino iniziare a nutrire tenerezza materna nei suoi confronti; 3b, se sottostò al ricatto emotivo di cui sopra, finirò per sentirmi una vecchia chioccia smidollata; 4. Mia cognata Camilla non farebbe mai una cosa del genere!

Con il miglior sguardo minaccioso di cui sono capace in queste circostanze, le intimo: «Trova Giulia, costi quel che costi!».

Lei rinuncia alla merendina e si ringalluzzisce. «Oh, ho sempre sognato che qualcuno mi desse un incarico così!»

Evidentemente, il mio sguardo minaccioso va perfezionato. Ma questo già lo sapevo.

«Posso anche andare a cercarla a casa?» domanda speranzosa.

Mi cadono le braccia lungo i fianchi: «Direi di no... Basta che cerchi la sua agenda d'ufficio, controlli se avesse appuntamenti fuori e poi verifichi dove si trova. Non è una roba da agenzia investigativa, è solo una robetta noiosa da ufficio».

«Okay, capo!»

Sto per andarmene, ma torno sui miei passi. «Avresti del fondotinta da prestarmi?»

Ore 12.50

Finita la ripresa mi sentivo orgogliosissima di me. Mi pareva di aver superato l'ostacolo più grande della giornata. Come Annibale che valica le Alpi, mi sembrava che il nemico fosse stato sottomesso.

Mi sbagliavo.

Quando ho messo finalmente mano al mio cellulare, la tragedia si è spalancata in tutta la sua potenza.

A parte un sms di Camilla che suonava BUONA GIORNATA! OGGI DUE DEI NOSTRI SONO DA TE, MI SPIACE NON POTER VENIRE DI PERSONA, tutte le chiamate della mattina provenivano da Giulia. Quella stessa Giulia che Wanda non riesce a trovare e che avrebbe dovuto essere, stando alla sua agenda, in ufficio già alle 8.30 del mattino.

L'unico altro messaggio che ho ricevuto è un sms di Beatrice: GIULIA MI HA LASCIATO UN MESSAGGIO DISPERATO E ADESSO NON RISPONDE. CI VEDIAMO ALLE 13.30 SOTTO CASA SUA. PRIMA NON POSSO CAUSA CLIENTE.

Il concetto di "messaggio breve" per Beatrice è sempre almeno il doppio dei 190 caratteri canonici.

Ho mollato tutto per precipitarmi sotto casa di Giulia, dove arrivo che Beatrice sta passeggiando avanti e indietro davanti al portone chiuso.

Lei è nella sua tenuta da lavoro, che per me significa qualcosa di dignitosamente comodo e per lei è l'equivalente della notte degli Oscar: gonna longuette grigia che sottolinea il girovita, vaporosa camicetta bianca che evidenzia il seno generoso, trucco accanto al quale io sembro verde-cadavere, capelli luccicanti nel sole. Io ho un alone di sudore sotto le ascelle che lei non sembra nemmeno sapere che cosa sia.

Mi viene incontro ondeggiando sui tacchi in maniera così languida che un paio di uomini trovano un pretesto per fissarla qualche secondo più del necessario.

Il suo profumo mi avvolge istantaneamente.

Si mordicchia il labbro (senza macchiarsi i denti di rossetto: Beatrice non è una donna, è un miracolo vivente!) e mi bersaglia con parole che paiono proiettili, mentre le sue unghie laccate di rosso tracciano in aria fuochi d'artificio: «Non mi ha risposto al cellulare. Cioè, all'inizio suonava libero, ma poi lo ha spento. Insomma, non può non aver visto una delle mie trenta telefonate, ti pare?! Poi sono venuta qui e ho suonato e non mi ha risposto. Tu sai dove possa essere?».

«Doveva essere in ufficio, ma non è venuta» e scuoto la testa, contagiata dal suo nervosismo che amplifica il mio. Il sismografo del mio stomaco riceve il segnale forte e chiaro.

«Non ti mettere la mano così sul ventre» mi riprende Beatrice, che all'aspetto dà un certo peso anche nelle circostanze più drammatiche. «Sembri Napoleone a Sant'Elena!»

«È la vita che mi avvelena» e intanto penso a Giulia e quasi mi viene da piangere.

«Sei molto preoccupata anche tu?»

«Mi sento in colpa!» replico mentre fisso con orrore il portone che dovremmo rassegnarci a valicare.

«Perché? Sai con chi è scappato Stefano?» mi chiede Beatrice abbassando la voce.

«Ma no! È che mi ha chiamato venti volte e io non le ho mai risposto! E adesso chissà che cosa ha combinato.»

«Non me lo dire» si lagna sventolando le unghie laccate fino a farmi venire il mal di testa. «Siamo due amiche da schifo.»

Annuisco, approvando. «Siamo due mostri.»

«Magari anche lei ha pensato di scappare!» e con quelle stesse unghie Bea si dà una ritoccatina alla frangetta. «E magari noi dovremo crescere Lorenzo!»

Ecco, questo no. Un altro pargolo in casa no.

Vediamo, in natura si presentano diversi tipi di madri, sintetizzabili in due categorie animali: la chioccia e il cuculo.

La chioccia cova qualsiasi uovo le si metta sotto le ali, il cuculo preferisce deporre le proprie uova nei nidi altrui.

Io apparterrei alla seconda categoria, non fosse che dopo averli partoriti mi sembrava che i miei figli mi fossero costati abbastanza fatica da essere personalmente curiosa di guardarli in faccia negli anni per vedere come sarebbero cresciuti.

Ma non sono affatto una che vezzeggia qualsiasi pupo in carrozzina o qualsiasi rampollo faccia le smorfiette in metropolitana. Non sono afflitta da un senso universale di maternità. Per di più, vista la settimana che mi si prospetta tra colloqui, gite e altro che andrà ad aggrovigliare la già arruffata matassa delle mie prossime giornate, anche solo l'ipotesi astratta di un altro bambino tra i piedi mi fa venire una reazione in confronto alla quale l'orticaria è solo un effetto collaterale.

Dunque, la prospettiva mi fa riprendere energia. «Saliamo a vedere.»

Suoniamo a un campanello a caso sulla pulsantiera infinita del condominio. Una vocetta roca risponde quasi subito: «Chi è?».

«Siamo amiche della famiglia Perversi del quarto piano. Non rispondono e vorremmo...»

Nemmeno il tempo di finire che la vecchietta che ha risposto (scommetto che sia una vecchietta, ma magari è una bambina che fuma sigari) sbraita: «Bugiarde! Bugiarde e ladre!».

Click.

Non mi scoraggerò.

Suono a un altro campanello scelto altrettanto a caso.

Una voce di donna più gentile, forse una di quelle che sta a casa a limarsi le unghie mentre il marito guadagna la pagnotta (no, non sono il tipo che arriva presto a troppo facili conclusioni, ma non sono dell'umore giusto per pensare di meglio): «Chi è?».

«Devo mettere della pubblicità...»

Sdeleng, il portoncino si apre senza che nemmeno finisca la frase. Si è fidata anche se, magari, avrei potuto dire «...pubblicità a un'arma di sterminio di massa».

Che mondo...

Ore 13.57

Siamo davanti alla porta di casa di Giulia. Appoggiamo l'orecchio e tutto è silenzioso.

«Bussa» dico a Beatrice.

Lei rimpalla. «No, bussa tu.»

Inspiro e raddrizzo la testa. «Be', prima suoniamo il campanello.»

«Quando ho suonato da sotto, non ha risposto» mi ricorda Beatrice.

«Okay, io suono il campanello e tu bussa. Ma bussa forte» le raccomando.

Ci diamo dentro tutte e due, io scampanellando come un campanaro a Pasqua e Beatrice con una gragnola di colpi che rimbombano per tutto il piano.

Lo diciamo sempre ai bambini di non fare baccano, che i vicini odiano essere disturbati.

Quindi, ce lo potremmo pure aspettare che tutto il nostro trasporto risvegli la loro antipatia.

Sul pianerottolo, con il pavimento di marmo bianco tirato a lucido, si affacciano altre quattro porte.

Si apre la più vicina: «Avete finito?».

A chiederlo è un uomo con la barba bianca, la testa completamente calva e un ventre pingue che fa tirare i bottoni del cardigan di cotone un po' slabbrato, con una vistosa macchia di unto sullo scollo.

La porta di fronte si apre, ma tenendo il catenaccio ancorato. Una donna con i bigodini fa la voce da chihuaua arrabbiato: «Chi cercate, eh?».

Tre secondi e, forse incoraggiato dalla voce dei vicini, appare un ometto con la camicia bianca slacciata sul petto, dove tra i peli ingrigiti scintilla un crocifisso d'oro. «Chi ve l'ha insegnata l'educazione?» chiede facendo ballare lo stuzzicadenti che gli pende da un lato della bocca.

Ho sempre aborrito quelli che ciucciano gli stuzzicadenti. Non solo perché mi fa schifo come idea, ma anche perché, di tutti quelli che indulgono in questo obbrobrioso vezzo, non ne ho mai trovato simpatico nessuno. Per dirne una, aveva lo stecchino pendulo anche l'ultimo che è entrato in autostrada dalla corsia del telepass senza averne uno e mi ha tenuto ferma per dieci minuti, scendendo dall'auto e baloccandosi tra un pulsante e l'altro per la chiamata di servizio. La mia repulsione, insomma, è scientificamente fondata su solide prove ed esperienze di vita vissuta.

Intanto, Beatrice spiega a tutti e tre in simultanea, con il doveroso tono della donna disperata: «Ma non capite?! La nostra amica non risponde da stamattina! È la vostra vicina di casa! Dovreste preoccuparvi anche voi!».

Il nonnetto con la barba bianca e il cardigan macchiato smette di baloccarsi con le curve della mia amica e sparisce. Si palesa in un attimo con una cassetta degli attrezzi che sarebbe il ludibrio di mio marito. Una cassetta degli attrezzi come ogni uomo la sognerebbe: di metallo, che si apre a pop-up con infiniti cassetti. E nei cassetti ci sono più attrezzi di quanti ne abbia mai visti. C'è persino una brugola a stella (strano come la tensione faccia memorizzare dettagli futili).

«Ci penso io» dice l'uomo, circondato dagli altri vicini che si godono lo spettacolo a distanza di sicurezza, dalle soglie delle loro abitazioni.

Mentre il vecchietto sceglie l'attrezzo giusto, con mal simulata indifferenza, Beatrice sferra comunque un paio di pedate all'uscio.

Abbiamo appena smontato la maniglia quando Giulia in persona o, meglio, ciò che resta di Giulia, spalanca la porta. La sua apparizione sinistra fa battere i vicini in ritirata, tra frettolosi saluti.

Ore 14.05

Trovi la tua migliore amica, nonché collega della quale non puoi fare a meno nella settimana nodale dell'anno, con delle occhiaie da Guinness dei primati, che farfuglia cose deliranti. Scopri che ha portato il figlio a scuola uscendo di casa in pigiama e che poi si è messa sul divano con i tappi nelle orecchie e la mascherina degli occhi per «solo 10 minuti di sonno profondo» e cosa puoi fare?

Personalmente, ce ne sono parecchie di cose che io farei, tutte classificabili in base alle svariate ragioni per cui amo questa donna e ne ho un disperato bisogno. Il curatore museale che è in me le inietterebbe in vena una moka di caffè da quattro e la trascinerebbe in ufficio senza farla cambiare, perché cominci subito a lavorare recuperando gli arretrati della mattina. L'amica che è in me la abbraccerebbe per cullarla un po' e subito dopo le applicherebbe del ghiaccio agli occhi per ricomporle la faccia, assicurandole che tutto andrà a posto, anche meglio di quanto faranno le sue borse sotto gli occhi. La madre che da qualche parte tengo ben riposta dentro il mio spirito si pentirebbe di quel che ha pensato solo poche decine di minuti fa su Lorenzo e andrebbe all'asilo a rassicurare il pupetto, garantendogli che la mamma era a pezzi ma era solo uno scherzo, come quelli di Carnevale, che a volte fanno un po' paura ma che se li guardi meglio ti accorgi che era tutta una finta e puoi non pensarci più, ma più davvero.

Posso forse tripartirmi? No.

Posso fare un elenco delle priorità e mettere ordine nel caos sovrano? Sì.

Qual è la mia attuale priorità?

«Dobbiamo assolutamente mangiare qualcosa. Mangiare insieme ci aiuterà.»

No, non l'ho detto io: non è il mio genere di priorità. L'idea è venuta a Beatrice e collide e stride con tutte le idee che mi apprestavo a mettere in bell'ordine, anche perché ho fatto una doppia colazione proprio nell'intento di saltare la pausa pranzo, visto che oggi devo assolutamente uscire un'ora prima se voglio arrivare in giusto ritardo al colloquio con le maestre di Sofia. Già fatico a essere una madre decente e a non farmi licenziare, essere anche un'amica disponibile non è facile. Ma ce la posso fare.

«Sì...» geme Giulia. «L'ultima cosa che mi è passata per bocca sono le vongole di ieri...»

«Non c'erano vongole ieri!» faccio notare.

«Allora erano quelle della sera prima» sussurra Giulia.

«Dobbiamo mangiare» ribadisce Beatrice, aprendo il frigo.

Chi sono io per oppormi a una donna sfatta e pure affamata e alla nostra amica che sta per apparecchiare?

Ore 14.20

Ci sono dialoghi tra donne che, riportati battuta per battuta, danno un'idea sbagliata. È come per le intercettazioni: quando vengono riportate sui giornali suonano sempre orribilmente banali oppure schifosamente losche. Eppure, mentre il corruttore e il corrotto parlano tra loro, l'atmosfera è del tutto diversa: l'aria vibra di complicità, include – da entrambe le parti – un timore non detto e nessun puntino di sospensione saprebbe rendere il significato di cui sono carichi i silenzi e i sottintesi. No, non è che abbia spesso corrotto qualcuno né tanto meno che sia mai stata corrotta (se si escludono i tentativi messi in atto dai miei compagni di classe durante i compiti in classe di greco... ai quali ho sempre ceduto senza opporre resistenza!). Però ho una buona esperienza di conversazioni fitte tra donne, tipo quelle del pranzo di oggi che Beatrice, Giulia e io abbiamo consumato su un tavolo ancora imbrattato di cereali intrisi di latte e piatti sporchi di qualche giorno prima.

Ogni volta che vedo un'amica, come oggi Giulia, messa ko dall'abbandono di un uomo, mi sento ribollire. Vorrei poter snebbiare i suoi occhi dall'appannamento delle lacrime e farle vedere la realtà con uno sguardo lucido. Lei è grande per quel che è lei, non ha bisogno di un puntello. Eppure so quanto sia brutto per lei sentirsi mutilata dall'assenza di Stefano, come la sua vita le appaia divisa in due da una minacciosa crepa che sembra impossibile rinsaldare con una mano di calce e un'iniezione di fiducia. Vorrei farla balzare da un margine all'altro di questa lacerazione per dimostrarle che, se si volesse un po' più bene, se fermasse quest'emorragia d'amore che getta fiotti d'affetto dove non c'è più un cuore, il suo dolore conoscerebbe un po' di tregua e il suo futuro le sembrerebbe meno torbido. Ma quanto è facile parlare d'amore mentre non se ne soffre e quanto patetico è parlarne quando si è nel gorgo di una separazione: escono solo parole da strizzare, grumi di risentimento da vomitare. Insomma, tutto un groviglio interiore che a leggerlo da fuori appare quasi insensato.

I discorsi rivolti alle persone in crisi amorosa sono, per quanto mi risulta, riassumibili in tre grandi filoni.

Quelli che «Mollalo!». I fautori della scissione sono alimentati da un ottimismo indomito. A qualsiasi età, il cuore della loro teoria è: sei ancora giovane, non accettare compromessi, rialzati e guardati attorno. Starai sola quanto basta per curare le ferite, ma risorgerai dalle tue ceneri, satura di nuovo entusiasmo per la vita, l'amore, il sesso estremo: le storie all'inizio sono tutte bellissime e la loro vitalità avrà su di te un effetto taumaturgico. Ti si spianeranno le rughe, ti si snelliranno i fianchi, il tuo sguardo luminoso indurrà gli estranei a girarsi per strada per ammirarti. I sostenitori di questa filosofia, evidentemente, quando sono in vena di tristezze emotive non si chiudono in casa svuotando il frigorifero e trascurando l'igiene personale. Loro si buttano sulle maschere che garantiscono un lifting istantaneo, dentro e fuori.

Quelli che «Prova a ricucire!». Gli adepti di questo pensiero dispensano a manciate consigli da esperti del rammendo. Esortano a mandare segnali positivi, a «tenere la porta aperta», a giudicare che «il gioco vale la candela». Non sono per forza appassionati di minestre riscaldate o delle colle attaccatutto e, a modo loro, sono incoraggianti. Alimentano nostalgie e rimpianti, persuasi che concentrandosi sul passato si escogiti una maniera per riconquistare l'oggetto dei desideri spenti.

Quelli che «Cucciola, che tristezza!». Questi personaggi non elargiscono consigli. Ti fanno accovacciare sotto la loro ala protettiva come un'anatra accoglie un pulcino di gallina, considerandolo un bizzarro estraneo che da solo non se la caverà mai. D'abitudine, sono prodighi di inviti a cena a casa loro e ti trattano con tutti i riguardi degni d'un malato terminale. Manca (almeno nel mio repertorio, ma non posso escludere sia successo ad altri) che ti chiedano quale sia l'ultimo desiderio che vuoi vedere realizzato prima di sancire la morte della tua vita sentimentale. Io chiederei un'orgia con sconosciuti, ma temo che deluderei le aspettative del proponente.

Per non stare nell'incertezza, Beatrice e io rimbalziamo tra un fronte e l'altro come falene abbagliate da troppa luce senza concludere – com'era ovvio – granché.

Resta fermo il punto che non so se siamo state due buone amiche: io troppo presa all'inseguimento di un calendario di lavoro dal quale dipende la sopravvivenza di altri posti di lavoro (compreso quello di Giulia), Beatrice inebriata dal suo nuovo amore e dalla sua nuova casa. Comunque sia, ce l'abbiamo messa tutta e, alla fine, Giulia sembrava almeno un po' confortata, ma non ancora in grado di tornare in ufficio. Per oggi le firmerò un permesso per motivi personali e cercherò una buona scusa per non dire la ragione esatta della sua assenza al resto del museo: sui dolori d'amore la solidarietà dei colleghi non è sempre garantita. Più facile capire un mal di denti che un mal di cuore.

Ore 15.30

Sono rientrata in ufficio così tardi che la mia scrivania è disseminata di post-it con i messaggi di tutti quelli che sono passati dal mio studiolo costipato per dirmi qualcosa.

I post-it di Wanda sono verdi e piccoli, pieni di parole scritte con la sua grafia fitta fitta, infarcita di sottolineature. Li ha messi in pila uno sopra l'altro, con gli angoli perfettamente coincidenti. Sono sei e riguardano tutti l'irreperibilità di Giulia. Forse le avrei dovuto dire che l'avevo ritrovata.

Quelli gialli e grandi sono del Soprintendente e sono scritti con un maiuscolo nervoso, tutto spigoli e inclinato a destra, quasi facendo scivolare la penna sul foglio. Infatti sono lisci come nuovi, ma li ha sparsi su tutta la superficie del ripiano. Uno è persino al centro del monitor del computer. Tutti i messaggi sono composti da poche parole ripetute in vario ordine: "aggiornamento" "fondi" "sponsor" "costi mostra" "rinfresco" "inaugurazione" "organizzazione" "incremento introiti" e "bilancio finale". Se me ne lasciava uno solo ben scritto, magari mi aumentava la voglia di rispondergli. Se avesse messo un "grazie" avrei persino assecondato la sua urgenza. Per puro dispetto, lo lascerò per ultimo nell'elenco di quelli a cui rispondere, anche se le sue richieste sono in cima alla lista delle urgenze cui provvedere.

Poi ci sono le listarelle rosa tagliate con le forbici per usare meno post-it che ritaglia sempre la custode e sono chiari e cortesi. Restano, dopo la raccolta, foglietti di carta da riciclo (cioè con il retro stampato con le comunicazioni più varie) e attaccati con un pezzettino di nastro adesivo di carta dalla mia vicina di ufficio. Lei si chiama Mirella e si occupa dei rapporti con la stampa.

Se Mirella non lavorasse qui, nella vita potrebbe fare l'ombra di mia cognata. Cioè, no. Non riesce a essere altezzosa, esemplare, monumentale e paradigmatica quanto lei, ma ci va parecchio vicino. Non riesco a odiarla perché è molto, molto efficiente e su di lei posso contare almeno quanto lei conta su di me (suvvia, non è poco!). E poi non me ne potrei mai liberare se non prima di aver scoperto qualcosa della sua segretissima vita privata, su cui ho formulato una duplice opinione: o è pazzesca o è inesistente. Chissà, magari prima o poi ne saprò di più!

Comunque Mirella mi ha tempestata di richiami ai

comunicati che devo approvare, richieste di risposte a interviste che appariranno online, disponibilità a essere contattata da giornalisti di testate che vanno dalle riviste di settore al foglio elettronico rionale.

Va bene, mi metto d'impegno e troverò il modo di rispondere a tutti, senza sbagliare il destinatario delle singole risposte.

Ore 17.45

Svesto l'abito mentale da museo e torno negli abiti (non più comodi) di mamma di Sofia Grigoletto. Sono in patetico ritardo, ma di meglio – per oggi – non potevo fare.

Se fossi masochista, indulgerei nel senso di colpa, ma fustigarsi non serve: a fare sentire in colpa una mamma lavoratrice basta un niente e troppi si cimentano in quest'arte non senza compiacimento. Non intendo dar corda a certa gente, anche perché spesso sono donne e la lotta sororicida mi disgusta. Mi disgusta anche che per molti il «colloquio con i genitori» significhi «incontro con le mamme». Le incombenze dei colloqui scolastici le divido equamente con Claudio. (Va chiarito che "equamente" nel rapporto tra madri e padri significa più o meno un rapporto 10 a 1. Indovinate a favore di chi?) E poi lui non manca mai di riportarmi la meraviglia degli insegnanti quando notano che è un uomo a liberarsi un pomeriggio per andare ad ascoltare insegnanti o educatori.

Becco la maestra Lucilla che sta uscendo dall'aula deserta. Evidentemente tutti gli altri genitori se ne sono già andati da parecchio tempo, perché una grossa signora con la vestaglia azzurra sta già pulendo i pavimenti.

La maestra ha un sorriso che sputa veleno.

«Ah, signora! Pensavamo di non vederla, oggi!»

È una donna non proprio giovanissima (okay, deve avere un paio d'anni più di me...) con i capelli biondi lunghissimi. Troppo lunghi direi io, anche se non mi ha mai chiesto un parere. Li tiene sempre raccolti in code di cavallo che ne fanno una sorta di bambola stagionata. È anche alta, molto alta, e ama mettere i tacchi (almeno quando incontra i genitori, mia figlia dice sempre che ha una collezione di pantofole a forma di animali). Il fatto che torreggi mi irrita perché devo guardarla di sotto in su e già sono costretta a farlo in senso figurato, visto che abbastanza spesso, in questi due anni, mi sono sentita, almeno ai suoi occhi, una madre sostanzialmente inadeguata. Arrivo in ritardo ai colloqui (come oggi) quando non li salto del tutto (almeno un paio di volte è successo), latito alle riunioni dei comitati che le mamme formano per Natale, Carnevale, Pasqua, patrono e giornate mondiali di ogni-volta-qualcosa (sono davvero troppe, non ci sto dietro!) e Sofia sa più parolacce della media dei suoi coetanei (colpa di suo fratello e – ho ragione di credere – di Delly).

Oggi, però, non mi lascerò sopraffare (alla faccia del suo tacco 10): «Mi scusi, non credevo di essere in ritardo».

«In effetti, me ne stavo già andando» e la maestra Lucilla indica la borsa a spalla e un portadocumenti. Non ha nessuna intenzione di farmi entrare nell'aula dove di solito avvengono i colloqui, abbellita dalle opere d'arte dei pargoli (scarabocchi colorati, sculture grumose di colla e carta, ritratti di famiglie con bambini giganti e adulti disallineati).

«Senta, magari fissiamo un altro appuntamento in settimana, che non mi posso fermare di più» e guarda intensamente l'orologio alla parete. «Però le do questo.» E apre la borsa dei documenti estraendone una fotocopia. Deve essere la mia giornata della stampata consegnata a mano.

La mia sicurezza si sgretola davanti alla sua determinazione granitica. «Senta... io in settimana non posso... sono uscita dall'ufficio apposta.»

China la testa di lato. «E quando potrebbe?»

Sospetto un'ombra di ironia nelle sue parole, ma la ignoro. Propongo: «Facciamo la settimana prossima?».

Scuote la testa e la sua coda oscilla come quella di uno stallone in dressage. «Ma la settimana prossima saremo a un soffio dalla fine dell'anno scolastico e lei non sa nulla del progetto-ponte.» Ha un'espressione che è l'incrocio tra quella di stamattina della Guglielmini davanti alla troupe e quella del Soprintendente quando i bilanci lo deludono.

«Ponte?» chiedo stranita.

«Per le elementari, signora» e calca le singole lettere quasi a scolpirmele nel cranio.

«Un ponte per le elementari?»

«Le spiegherò meglio appena potrà venire.» Trasuda disprezzo professionale e sdegno per la mia partecipazione a suo giudizio troppo scarsa all'attività scolastica e, di conseguenza, alla vita di mia figlia. Però si sbaglia, perché io lo so bene che le parole "progetto-ponte" campeggiano maiuscole sopra un avviso che ho attaccato con un magnete allo sportello del frigo. Solo che al momento non ricordo il contenuto dell'avviso.

Decido che lo studierò per l'appuntamento e prendo la fotocopia. La mia attenzione è calamitata dall'elenco sul foglio che dalla maestra è passato nelle mie mani: «Che cos'è?».

«L'elenco dei materiali per realizzare il costume di Sofia.»

Leggo distrattamente: carta crespa, fil di ferro, velcro, colla a caldo e via fronte e retro fino a un poco rassicurante raschietto.

Provo a sorridere. «Fantastico! Ho sempre desiderato che Sofia sviluppasse la propria manualità...»

Lei arriccia il naso, quasi disgustata per quanto sono sprovveduta. «Questi però sono i materiali che servono ai genitori per il costume da fare in casa. L'elenco si riferisce al personaggio di Sofia, che sarà la reginetta del ballo. Un costume importante, ecco.»

«Fate un corso per i genitori?»

«No, non esattamente» e assume il tono di quando parla con un bambino che sarebbe buffo se non sembrasse scemo. Un po' come faccio io di solito con Wanda. «Sono i materiali che suggeriamo di usare per creare a casa il costume.»

«Quando?» chiedo, ma non voglio sentire la risposta.

La maestra Lucilla si avvia verso la porta e io la seguo come l'oca seguiva Lorenz. Lei mi illumina: «Per la festa di fine maggio, signora».

«Tra due settimane?» Non fossi già abbastanza a terra, mi ammoscerei.

«L'elenco è pronto da quindici giorni, ma lei non è passata a ritirarlo» e ormai non sa più nemmeno lei come enfatizzare che siamo una famiglia al di sotto dello standard medio. «Il tema sarà "il mondo degli elfi e delle fate" e non saranno ammessi abiti comprati. Come lei dovrebbe sapere, qui favoriamo la creatività, il fai-da-te e la cultura del riciclo.»

Medito su quelle parole pensando che sarà meglio trovi un archi-designer-stilista cui devolvere metà del mio stipendio mentre la maestra se ne va tacchettando.

«Mi faccia sapere quando può venire» mi dice già dandomi le spalle.

Lì, sola nel corridoio della scuola di mia figlia, mi sento appesantita. La nausea torna feroce mentre io spero intensamente che un'astronave madre venga a prelevarmi e che a bordo ci sia un mostro a otto teste che mi spieghi che sono capitata per sbaglio su un pianeta troppo avanzato rispetto alle mie competenze. E mi riporti nel mondo che desidero: dove tutto è più semplice e c'è sempre una poltrona ad aspettarti.

Ore 18.05

Mi sento stanca come una bestia da soma e guardo le piante fiorite con un pizzico di invidia. Poi penso che loro non hanno fatto un tubo per tutto l'inverno. E allora penso che nella prossima vita vorrei fare l'albero. Ma a quel punto mi viene la certezza che finirei nel piazzale di un ipermercato e mi parcheggerebbero sotto.

Okay, per fortuna ho la mia valvola di sfogo imminente.

Lo confesso. Non sempre torno a casa subito. Faccio una cosa becera. A volte la definirei meschina. Quando sono circa a un chilometro da casa, mi infilo nel parcheggio sotterraneo del supermercato, fermandomi abbastanza vicino a un'uscita, altrimenti non ho campo. Se necessario, mi apposto anche in seconda fila. Punto la sveglia del cellulare a venti minuti più tardi e tolgo dalla borsa da lavoro il tablet. Sì, quel tablet che mi ha regalato Claudio a Natale e che ostino a dire che non mi serve a nulla. Lo accendo e mi sparo milleduecento secondi di videogiochi. Dopo la batosta di infatuazione per Ruzzle, sono passata alla devozione a Candy Crush. Non si tratta solo di un mio penoso tentativo di sentirmi interiormente ancora giovane, tornando ai tempi dell'università, quando con un lentissimo pc 286 con un sistema operativo bradipo passavo le notti prima degli esami a giocare a solitario. Non è solo che ho bisogno di decantare un po' tra la tensione dell'ufficio e la soglia di casa. È che le cose di una certa monotona ripetitività mi spingono a profonde riflessioni. Forse è per questo che ho abbandonato il groviglio di lettere (per cui bisogna pensare a parole di senso compiuto e sfidarsi con un avversario) per passare a far esplodere caramelle (è sufficiente abbinare i colori ed è fatta). Basta pensare che un giorno, attorno al livello 25 che stavo facendo per circa la centotrentesima volta, ho considerato come quel giochetto potesse essere la metafora del mio impegno professionale: raggiunto per ora l'apice delle mie possibilità di carriera, mi sentivo fino a quel momento pronta a lasciarmi ingabbiare in una cauta e rassicurante routine. Ma era questo che volevo? Ho sollevato il dito dal touch screen e ho riflettuto su quella constatazione. No! Quella prospettiva mi aveva bloccato. Ho sempre odiato la ripetitività (nella mia vita reale, non in quella ludico-virtuale). È stato in quel momento che ho maturato il furibondo desiderio di una sferzante novità, che poi si è tradotta nella richiesta di ospitare per un mese i sarcofagi delle sorelle Seianti, che è la mia sfida di questa settimana, con l'inaugurazione della mostra prevista per sabato e l'allestimento tassativamente da completare entro venerdì. Insomma, può sembrare che la mia pausa sia solo un gioco a nascondino, ma per me è il momento di solitaria riflessione di cui ho bisogno come una balena che ogni tanto riemerge per sfiatare: ama il mare in cui affonda ma ama sapere che c'è un cielo da andare a guardare.

Mentre sono lì, nel guscio sicuro della mia automobile che odora di merendine e fango raccolto al parco, i problemi non esistono: i materiali per il costume di Sofia sono un dettaglio cui potrò provvedere con l'aiuto di Claudio e con il solito ingegno che sappiamo sfoderare quando incontriamo una difficoltà. La festa di Arturo sembra un'incombenza pianificata. La separazione di Giulia non è che un inconveniente che mi aiuterà a dimostrarle la mia amicizia e a farle sentire il calore della nostra presenza. Persino l'avvento dei suoceri, che ieri sera mi ha quasi terrorizzato... be' sapremo farlo diventare un episodio divertente. Perché lì, tra una colata di fagiolini di zucchero rosso e una fila di caramelline verde-menta o forse verde-mela si rafforza la mia impressione che non siamo solo una famiglia, ma una squadra e il campionato è solo all'inizio.

È per questo che anche oggi non ho potuto trattenermi dal posteggiare in seconda fila e cominciare a far scorrere il dito sulla superficie liscia del tablet.

E quando ricevo un sms dal Soprintendente che fuori orario mi chiede: MI MANDI LA RELAZIONE SUL RESTAURO DELLA PALA DELL'ALTARE DI SANTA CUNEGONDA? sarei tentata di rispondergli: "Non posso, assolutamente. Sono ferma al livello 149 di Candy Crush e siccome nella sua monotona ripetitività mi spinge ad argute riflessioni sul meccanismo della vita e sulla possibilità di assuefazione di una donna europea occidentale adulta, non posso dedicarmi ad altro. Scordatelo almeno fino al livello 155."

Ma ovviamente non lo faccio. Scaduti i venti minuti solo miei, userò la connessione per inviargli il documento.

Sono una santa, lo so. O forse, semplicemente, mio malgrado, vivo di sensi di colpa per i figli quando lavoro, per il lavoro quando sto con i figli. E per entrambi quando gioco a Candy Crush.

Terzo giorno

Martedì 23 maggio

Problemi e soluzioni irrisolte

Ore 6.40

Stanotte ho sognato che mi cadevano i canini e mi spuntavano dei dentoni tipo mammuth, che mi impedivano di mangiare il budino al cioccolato. Cercavo di chiamare il mio dentista e invece rispondeva il lavasecco.

Mia nonna diceva sempre che sognare di perdere i denti è premonizione di sciagura. Per fortuna non sono superstiziosa. Per essere onesta dovrei dire che mi impongo di non essere superstiziosa e di abbracciare uno strenuo positivismo. La mia prof di filosofia del liceo ne sapeva veramente meno di noi, ma la sua ingenua sintesi sul fatto che il positivismo significasse credere che tutto fosse la logica conseguenza di qualcos'altro mi ha sempre fatto pensare che quella più che una corrente di pensiero avrebbe dovuto essere il mio credo.

Questa mia cieca dedizione alle certezze logiche è dovuta al fatto che tendo a sviluppare dipendenze da pensieri irrazionali. Ricordo con orrore quando, alcuni lustri fa, in un viaggio-studio a Parigi trovai su una bancarella un libro dal sapore antico, con le pagine ingiallite: era l'enciclopedia delle superstizioni. Lo acquistai e iniziai a leggerlo stando seduta al tavolino del bistrot più vicino e trascurando le dispense di un corso fondamentale sul recupero delle tavolette d'argilla di Ebla. Mentre sorseggiavo lentamente una brodaglia che ben zuccherata poteva avere forti attinenze con un caffè e divoravo un *gateau* ipercalorico, leggevo come in un sogno di ielle atroci e di elaborati rituali di scongiuro. Mi sentivo trasformata in un incrocio tra una strega e uno sciamano, ai confini dell'oracolo. Le pagine sorvolavano i miei occhi per annidare immagini nei miei gangli nervosi.

Pagai il conto quando ormai il locale stava per chiudere (avevo perso la nozione del tempo) e nel riporre il resto fui un po' contrariata constatando che avevo 17 monete nel borsellino. Poi mi avviai verso casa saltellando con passo aritmico per non pestare le congiunzioni tra i lastroni della pavimentazione stradale e rasentando quasi l'orrore quando attraversai una piazza con mattonelle di porfido che – in base a quanto appena letto – avrei dovuto percorrere in punta di piedi come un'étoile. Quando poi rimasi ferma all'angolo della strada dell'ostello, bloccata dalla sola visione di un gatto nero, iniziai a maledire di aver comprato il libro e di averlo letto quasi tutto. Giurai a me stessa che non avrei mai dovuto finirlo, pena una sciagura grave: non avrei mai superato l'esame che mi aspettava due giorni dopo. Regalai il volume quella sera stessa a un ragazzo danese che non sapeva leggere il francese e cercai di non collegare quel dono al fatto che la mattina dopo quello stesso ragazzo cadde dalle scale fratturandosi il femore. Da quel giorno giurai a me stessa che non potevo permettermi il lusso di essere superstiziosa: non essere superstiziosa sarebbe stata la sublimazione di tutta la mia superstiziosità.

Stamattina, quindi, mi impongo di non ricordare

quel sogno, ma mi lavo i denti con più cura del solito e, per sicurezza, controllo che i bambini non abbiano carie e che Claudio stia meglio. A parte gli occhi da camaleonte e gli starnuti frequenti, è uno splendore meritevole del mio odio coniugale perché anche stamattina riposerà più di me. Ma lo sento, oggi niente può andare storto.

Ore 8.20

Sofia è arrivata a scuola senza la merenda. Me ne sono accorta mentre la sbalzavo fuori dall'auto, come tutte le mattine.

Posso garantire che era pronta sul tavolo della cucina: un bel tesoretto di biscotti con gocce di cioccolato e una mela rossa (tipo strega di Biancaneve, per intenderci), dentro alla scatoletta di plastica a chiusura ermetica che usa di solito. Ce la siamo semplicemente dimenticata perché eravamo occupate dalla quotidiana diatriba sul golfino (stamattina color ciclamino). Mi ero fatta un appunto mentale (e conoscendomi lo avevo messo anche sul frigo) di prendere la merendina salutista, ma poi Claudio è apparso in pigiama con due cravatte in mano: «Per la riunione con il coordinatore dello staff va il regimental o la tinta unita?».

Da quando lo conosco spiego a mio marito che la scelta della cravatta non dipende solo dall'occasione, ma soprattutto dal colore e dallo stile dell'abito e della camicia. Quindi, nessuna delle due va bene: l'abito è blu scuro e la camicia leggermente rosata e la cravatta regimental è a bande azzurre lilla mentre la tinta unita è verdina. Non ho perso tempo nello spiegargli la teoria (se non l'ha capita in tutti questi anni vuol dire che né io né lui abbiamo scampo) ma sono andata a cercare la cravatta grigia con damascature blu (misteriosamente trovata, poi, nel cassetto della mia biancheria) che alla fine gli ho legato al collo senza che sembrasse un cappio. (No, non uscirà con cravatta e pigiama, ma così il nodo resta fatto.)

Tutto questo mi ha distratto.

So che la maestra Lucilla scuoterà la criniera considerando l'omissione l'ennesima conferma del nostro scoordinamento familiare. Potrei quasi giurare che la maestra Lucilla e mia cognata Camilla siamo amiche in una vita parallela.

Arturo, invece, ben prima di scendere dall'auto ha iniziato a lagnarsi che la gita della settimana è vicina e nessuno dei suoi «ben due» genitori è riuscito a liberarsi per andare con lui, come invece altre mamme più giudiziose (nessun papà ha risposto all'appello) faranno. Era così impegnato nella lamentazione che ha scordato la sacca con le scarpe da ginnastica e la tuta.

Mi sono allontanata dalla scuola gravata da un pesante senso di colpa. Per alleviarlo ho risposto con uno smile al solito messaggio mattutino della cognata. Che lei trovi sempre il tempo per dedicarmi un pensiero la mattina a volte mi inquieta, a volte mi commuove, a volte mi fa venire il dubbio che glieli scriva la colf.

Io ho parcheggiato nel solito posto, ma in doppia fila e mi sono presa una tal lavata di capo dal custode che mi sono dovuta sciroppare un secondo giro turistico del parcheggio e così finire in un angolino dal quale, lo so, uscirò solo con una mezza giornata di manovre e un paio di santi strattonati già dal paradiso.

Okay, forse oggi qualcosa potrebbe andare storto, nonostante il mio ottimismo.

Ore 8.40

Supero la colonna disordinata di una scolaresca in attesa davanti all'ingresso dei visitatori e saluto i bambini sorridendo come se mi stessero facendo un regalo di compleanno. Loro mi guardano perplessi e ricambiano alzando le mani in un gesto incerto. Gli accompagnatori mi augurano il buongiorno e io, nel mio intimo, cavo da questa scenetta un presagio positivo.

Il mio tacco sinistro non ha ancora varcato la soglia che Wanda si stacca dal distributore di merendine (questa ragazza ha l'appetito di un manovale) e mi corre incontro con l'occhio sgranato. Non è solo l'effetto dell'eye-liner, ma qualcosa di più sostanziale: «Sono tutti in riunione, corri!».

Se seguissi l'umore di Wanda nei suoi alti e bassi finirei in trattamento sanitario obbligatorio in capo a una settimana. «Che cos'è successo?» chiedo allarmata, ma non troppo.

Lei agita le mani: «Un disastro!».

«Quale disastro?» Inizio a irritarmi.

Sputacchiando un poco per l'ansia di cui trabocca, Wanda muove veloce le labbra imperlate di un rossetto color pesca come quello che ho sempre desiderato e mai trovato. «Stamattina Giulia ha ascoltato tutti i messaggi di ieri...»

I puntini di sospensione mi esasperano già quando sono scritti, figuriamoci parlati. «E allora?»

«Te lo spiegano dentro. Io non me la sento» e scuote la testa tornando al distributore delle merendine. Probabilmente non le è chiaro che la sua postazione di lavoro sarebbe da un'altra parte. Dietro di lei resta una scia di profumo con una nota di vaniglia. (Ho ragione o no a provare il desiderio di strozzarla?)

Vado dritta in sala riunioni, affollata come per le grandi occasioni.

«Lola!» mi accoglie Giulia (che ha le stesse occhiaie di ieri, ma sotto una passata di correttore).

«Lola!» le fa eco Mirella dell'ufficio stampa, quella che ricicla la carta.

«Lola!» ribadisce il Soprintendente. Accanto a lui sta l'inappuntabile signora Guglielmini, oggi in completo gessato. Ha il solito sguardo di riprovazione per me e non mi spiego perché sia qui.

«Sì, sono io» li rassicuro. «Posso sapere perché siete tutti qui?»

«Un disastro!» sbotta Giulia.

«Guarda...» attacca Mirella senza finire la frase. Chissà perché le cattive notizie sono sempre introdotte da una lunga teoria di frasi sospese.

Mirella lascia la sua in sospeso con la scioltezza di un cecchino che tira il grilletto, dall'alto della sua posizione di sicurezza.

Non ci sono sedie libere, quindi mi appoggio a un armadietto di metallo che traballa pericolosamente. «Qualcuno vuole spiegarmi che cos'è successo?»

«Non potevo immaginare!» e Giulia scoppia in lacrime.

Sbotto anch'io. «Insomma, spiegate anche a me o no?!»

E via, che partono tutti insieme.

Sopra il vociare seguo il filo del discorso di Giulia: «Cinque minuti fa ho preso una chiamata da Londra. Pare che ieri abbiano chiamato ininterrottamente dal British Museum: c'è un grosso problema con l'assicurazione».

«Che tipo di grosso problema, esattamente?» e cerco

di scacciare dalla testa il ricordo dei molari caduti e dei dentoni di mammuth.

«Tipo che non c'era la documentazione relativa alle competenze» e Giulia si interrompe per soffiarsi rumorosamente il naso. «Le competenze, dicevo, di chi avrebbe rimontato qui il gruppo di terracotta e questo ha bloccato il trasferimento dei pezzi.»

L'armadio di metallo oscilla alle mie spalle, trapassato dalla mia scossa. «Che cosa significa questo, in pratica?»

«Significa che è tutto imballato e caricato sul volo speciale,» e Giulia si soffia di nuovo il naso (forse non è commozione, è raffreddore) «ma il responsabile non autorizza la partenza fino a che la documentazione non è completa.»

Mi stacco dall'armadio e mi appoggio con le mani al tavolo, ingombrando lo spazio vitale tra Giulia e Mirella. «Doveva essere già in viaggio da ieri e arrivare dall'aeroporto entro le 12 di oggi.»

«Appunto...» conferma Giulia, arretrando come se potessi morderla (e, giuro, potrei farlo!).

«Appunto in che senso, accidenti?!» e, mi spiace ammetterlo, dicendolo sputacchio un po'.

Mirella si volta verso di me, ostentatamente pacata. «Nel senso che quella documentazione non la troviamo più.»

Il mio spirito battagliero sta rimontando fieramente e per un attimo mi sento in piena forma. Me lo hanno sempre detto che le avversità tirano fuori il mio meglio, e non intendo smentirmi. Sibilo minacciosa. «Quei documenti erano già pronti» garantisco. «Ricordo bene d'aver consegnato infinite certificazioni, il file riassuntivo delle condizioni assicurative e tutti i curricula completi di ogni singolo addetto.» Poi la tensione mi contagia e non mi trattengo. «Se salta questo, salta la mostra e con quella il museo e, se salta il museo, saltiamo tutti!»

Il Soprintendente decide di intervenire, parlando mentre si aggiusta i polsini della camicia azzurra che spuntano da sotto la giacca blu. «La stima sull'incremento degli introiti è del 15%, ve lo ricordo. Ed è stimato conteggiando anche i costi di allestimento, promozione e assistenza visitatori, che sono un patrimonio. Solo con quei costi, non coperti da un buon esito della mostra, saremmo in un rosso spaventoso.»

La signora Guglielmini rimarca ogni sua sillaba con vigorosi cenni del capo.

«Non serve ricordarlo» e, spinta dall'adrenalina, gli regalo un'occhiata di fuoco.

«Lo trovo utile» replica lui, con la faccia di pietra. Altro cenno della Guglielmini, che mi sforzo di ignorare.

«Utile come buttare della benzina sul rogo già acceso, per la miseria!»

«Veda di fare il pompiere» mi intima il Soprintendente. Battutona.

Ogni giorno, mettendo piede fuori casa, ciascuno di noi sceglie chi essere. Alcuni indossano la maschera del leone e altri quelli della gazzella. Personalmente non sto né dall'una né dall'altra di queste parti. Io mi metto la corazza dell'armadillo e cerco di arrivare a sera. Questo non esclude che sotto la mia corazza dorma il cuore di un leone, anzi di una leonessa (i leoni, là dove vivono, non hanno una gran reputazione). Per questo motivo a volte perdo le staffe: per ripristinare l'ordine che sta andando a rotoli e salvaguardare il mio habitat e il mio branco. Adesso è uno di quei momenti in cui il ruggito mi romba in gola e lo lascio uscire come un lento sibilo orientato al mio superiore. «Veda lei di non fare il piromane.»

Interviene Giulia per evitare la rissa. «Stiamo provvedendo!»

«E perché siete qui se state provvedendo?!»

«Perché serve la tua firma e stavamo prendendo contatti. Questa non è una riunione. Questo è il quartier generale della nostra task force» dice l'imperturbabile Mirella. «E perdere la testa non serve a niente.»

«E sia, ma se non volete che perda la testa, non usate più la parola "disastro"!»

Sarà perché ho urlato troppo che ho voglia di vomitare? No, deve essere lo stress. Forse dovrei passare in farmacia e prendere un gastroprotettore. E delle vitamine, visto che la vita si complica.

Ore 8.55

Mi mangerei le unghie, ma è da due anni che ho smesso: intendo resistere. Certo, se c'è gente che smette di fumare centinaia di volte nella vita, non capisco perché io non potrei smettere di mangiarmi le unghie almeno una decina di volte nel corso della mia esistenza.

Do un piccolo morso e subito mi viene in mente quanto è costato ricostruire le unghie l'ultima volta. Ero con mia cognata che, è ovvio, ha sempre artigli da fotomodella. Era stata giusto lei a portarmi dalla *nail's artist*. Fu il suo regalo per il mio compleanno di quell'anno, dopo che alcuni giorni prima aveva pontificato che «le mani sono il tuo biglietto da visita, non puoi avere le unghie corte e le pellicine in evidenza».

Quando vidi campeggiare l'importo del trattamento sulla ricevuta mi venne un capogiro. Io, per il suo compleanno, le avevo regalato una collana comprata al negozio dell'usato...

Mi ero fatta fare delle unghie rosa confetto che resistettero per un mese e mezzo, nonostante all'epoca avessi ripreso ad andare in piscina.

Il nuoto è sempre stato la mia valvola di sfogo prediletta.

Addirittura, molti molti anni fa, quando avevo un peso forma non schizofrenico e la vita familiare non mi aveva ancora travolto, mi cimentai nel nuoto agonistico. Dorso: così mi sarei raddrizzata la gobbetta da studiosa che il mio ortopedico di allora chiamava «vizio di appoggio» (e la parola "vizio" dava un tocco piccante a quella che era solo una postura scorretta). Ero molto agonistica nei confronti di me stessa più che nelle gare, dal momento che non sono mai riuscita a piazzarmi più in su del quinto posto. Proprio a quell'epoca, poco prima di una gara in cui temevo che sarei stata doppiata dalla prima classificata, la mia allenatrice mi raggiunse nello spogliatoio. Stavo mangiandomi un indice come una iena mangia la preda e lei mi si sedette accanto. «Vedi, Lola, stai pensando troppo alla gara. Quando non vuoi che il nervosismo ti distrugga, devi rigenerare le tue energie facendo qualcosa di buono. Soprattutto, non variare mai le tue abitudini in prossimità di un evento stressante. Lo stress fa parte della vita, impara a conviverci.»

Escludo che il contenuto pedagogico di questo discorsetto abbia un minimo valore scientifico, ma ogni tanto me ne ricordo, anche se alla gara non andai causa attacco di bronchite e l'agonismo lo abbandonai due settimane più tardi causa innamoramento per Luca, che mi fece prediligere altri sport, più intimi e galvanizzanti.

Memore della mia allenatrice e della sua saggezza, adesso sono incollata al pc a sbrigare la corrispondenza anziché in piedi nel corridoio ad aspettare l'esito della girandola di chiamate, e-mail e fax (sì, lo usiamo ancora) che si è innescata per risolvere il guaio di oggi.

Certo, se penso a cosa succederebbe se il sarcofago non arrivasse... be', di dieci unghie, almeno un paio le posso sacrificare.

Ore 9.05

Dal cellulare arriva una raffica di *plin*. È un chilometrico sms di Claudio. Quando siamo al lavoro ci telefoniamo solo per emergenze e ricorriamo a messaggi di testo lunghi quanto articoli di giornale: ci sembrano più intimi e discreti.

Claudio mi avvisa che ieri sera Arturo è andato a dormire brontolando sulla questione della gita.

Ma io ho già chiarito la questione con me stessa stamattina e mi sento abbastanza a posto (senso di colpa ancora entro limiti accettabili).

La seconda metà del messaggio è quella che mi fa sobbalzare.

Mio marito mi avvisa di aver trovato nella cassetta delle lettere, consegnato a mano, il calendario di chiusura del corso di basket di Arturo.

Arturo rientra alle 19 dalla gita, ma alle 18 avrebbe l'allenamento pre-partita per la finale di sabato. Tu lo sapevi?

Almeno, questo è quanto decodifico, perché il messaggio è un groviglio di sintesi e consonanti. Mio marito dice che lo fa per risparmiare tempo. E io mi domando in cosa lo investa, esattamente, il tempo che risparmia non digitando sette lettere. Potrebbe ordinare un caffè.

Soffiarsi il naso. Vabbe', io le lettere amo usarle sempre tutte, per non far torto a nessuna. Digito velocissima.

SABATO QUESTO?!

Risposta istantanea.

OVVIO.

Vale a dire, il sabato dell'inaugurazione della mostra che potrebbe non essere allestita. Ossia il sabato che dovrebbe rilanciare me e il museo, ma a questo punto potrebbe affossare entrambi. Chiamo Claudio e gliene parlo? Lo escludo. Se apro bocca su questa cosa vomito e se vomito poi Claudio si preoccupa. Se Claudio si preoccupa mi sta addosso come una sottiletta sulla valdostana. Preferisco star male da sola.

Opto per il rinvio e scrivo: NE PARLIAMO STASERA.

Oltre la porta del mio ufficio sento un vociare e un tramestio frenetico. La grande macchina si è messa in moto e da qualche parte arriverà.

Mi concedo di appoggiare la testa alle braccia incrociate sopra la scrivania, come facevo alla materna.

«Non stai bene?»

Mirella è sulla soglia, con un fascio di avvisi di cui userà il retro per prendere appunti e una penna rossa infilata dietro l'orecchio. Ha sempre un'aria molto ufficiale e compresa, e anche nell'emergenza di oggi non si smentisce. A modo suo, è un tipo efficiente e rassicurante. Anche se i nostri rapporti non sono mai andati oltre il lavoro, non mi dispiace il suo interessamento, almeno finché si limita a questioni di salute. Il problema è quando comincia a farmi domande sulla mia vita sociale o culturale, costringendomi a risposte evasive che mi permettano di evitare di dire che non esco senza figli da mesi e non vado al cinema o a teatro da qualche (molte!) stagioni.

«Ho un'acidità di stomaco che mi uccide.»

«Hai provato a starnutire?»

La mia espressione perplessa vale un interrogativo.

«Scusa,» e Mirella si avvicina «quando mi viene la nausea, annuso la polvere così starnutisco e mi passa. È una questione di equilibrio interno della pressione. Funziona, fidati.»

«Pensavo a una compressa di qualcosa di chimico. Mi pare più sicuro.»

Lei fa no con la testa e sotto il fascio del neon vedo qualche filo d'argento fra i suoi capelli corti e neri. Per quanto sembri giovane, mi ricordo che ha almeno una decina d'anni più di me. Se li porta proprio bene! È un vantaggio di natura: tutte le donne minute hanno il vantaggio di sembrare meno annose. Per fortuna oggi non ho abbastanza tempo per alimentare l'invidia. «Macché chimica» dice. «Sarà la stagione: basta sapersi regolare. La metà di quelli che lavorano qui sono allergici. Lo sarai anche tu.»

Mi viene da ridere: «L'allergia si può passare per osmosi? Potrei averla presa da mio marito dormendogli accanto?».

«Lo escluderei,» sorride lei «starnutisci che ti passa. Ma fallo presto: hai una brutta cera.»

Ci sono persone che tengono a sottolineare quanto il tuo aspetto sia deplorevole. E lo fanno guardandoti con un compatimento che a me fa montare l'uggia. Mirella no, è quasi materna, ma riesce comunque a ferirmi.

Credo che andrò in bagno a darmi una passata di colore sul viso. Anche agli occhi. Magari pure un tocco di rossetto. Mirella imbocca il corridoio e io apro la borsa. Niente. Dov'è finito il mio astuccio dei trucchi?

Sofia! Deve averli presi lei per giocare! Però c'è una

profumeria all'angolo e potrei andare là per darmi una mano di colore con i tester... O potrei chiedere a Wanda, ancora una volta, di prestarmi i suoi cosmetici. Finirò per sentirmi in debito con quella ragazzina, accidenti.

Prima di decidere di alzarmi, mi mangio un'unghia, nutrendomi della parte dura di me stessa. Sono una leonessa, no?

Ore 9.25

Torno alla scrivania con un bicchiere di tè caldo ben zuccherato e la faccia che sembra nuova. Il restauratore di lapidi non avrebbe niente da dire: dati i mezzi, il tempo e la scarsa luce della toilette, ho fatto il meglio che potevo. Il dubbio di aver esagerato (succede sempre, truccandosi in penombra) mi viene quando lascio sul bicchierino uno sbaffo di fondotinta. Pazienza, avevo bisogno di colore, oggi.

Il cellulare scintilla come un albero di Natale e incrocio le dita che non sia Claudio con qualche altra notizia carica d'ansia. Invece è Delly, sintetica come sempre.

OGGI NON POSSO. HO IL RAFFREDDORE. SCUSA.

Ecco, un'ottima soluzione per uscire dal labirinto delle mie ansie è trovare qualcosa che mi faccia arrabbiare. E l'occasione del giorno arriva grazie a Delly.

Prima di tutto, bisogna sapere chi è esattamente Delly.

La ragazza in questione ha 21 anni, abita nel mio quartiere e frequenta l'università qui in città. La prima volta che l'ho vista aveva appena tagliato i codini e indossava shorts di poco sufficienti a coprirle le mutande. Aveva troppo lucidalabbra e stava fumando di nascosto. Adesso porta sempre gli stessi shorts, fuma senza nascondersi e si è invasata con la giurisprudenza. Se è in vena, è anche campionessa di scurrilità. Quale migliore candidata avrei potuto scegliere per affidarle le mie creature?! Ma poiché io non brillo per lucidità e il tempo a mia disposizione per selezionare una baby sitter era piuttosto ridotto, da circa tre anni ci aiuta occasionalmente con i bambini. Cominciammo quando aveva appena fatto la maturità e cercava di raggranellare denaro per le spese dell'università e noi avevamo da poco capito che erano finiti i tempi del nido e della baby sitter fissa che avevano prosciugato le nostre finanze. Le sue esigenze e le nostre collimavano. Che non sia mai stata un genio è chiaro: i nostri figli hanno assaggiato con lei le peggiori porcherie mai passate per le loro boccucce innocenti, hanno imparato dalla sua voce il turpiloquio, al parco con lei hanno rischiato l'osso del collo in piena incoscienza ed è sempre stata lei a sfidare la sorte smentendo la nostra teoria del «fai il bagno solo tre ore dopo aver mangiato, altrimenti ti viene la congestione». (Ora che ci penso questa cosa la dico solo da quando sono madre.)

Per me è a metà tra una sorella piccola un po' tonta e una figlia maggiore troppo sveglia. Nei suoi confronti tendo ad avere un atteggiamento ondivago.

Per questo non ho esitazioni a prendere il telefono e a dirle che cosa penso ogni volta che sarebbe meglio per i miei figli che io le rispondessi con un cauto sms.

Ci sono cose, però, che non si fanno dall'ufficio, dove chiunque può entrare. Torno a chiudermi in bagno, stringendo il cellulare in tasca.

Sono incastrata tra la porta e la tazza del water quando compongo il suo numero e appena risponde «Brondo?», l'assalto: «Senti, il raffreddore non è mortale. Io sono nella merda fino al collo e tu non mi puoi mollare proprio oggi».

Geme. «Ba sono balada.»

«Un raffreddore?!» mi indigno. «Che cos'è, in fondo, un raffreddore? Per me è una catastrofe!»

«Ba sono a bezzi» ansima.

Okay, potrei avere pietà di lei, invece ho pietà di me stessa.

Cambio atteggiamento virando dall'imperioso al supplice: «Ti prego! Ti prego, qui va tutto a rotoli!».

Lei capisce di avere la situazione in pugno e si compiace di un tono condiscendente. E, vipera, è subito meno raffreddata di prima: «Okay, ma stai calma».

Sospiro: «Allora li prendi?».

Tergiversa fino ad acconsentire, vaga: «Magari provo a chiedere una mano a mia madre, anche se le incasino parecchio la vita».

In occasioni normali puntualizzerei sui casini, ma non è una circostanza normale ed esulto e blandisco: «Sì, grazie. Ringraziala molto da parte mia. Sofia deve andare a danza e Arturo a basket. Ricordi gli orari?».

«Me li hai scritti su quattro fogli diversi: ne ho uno nella borsa, uno sulla scrivania e due nella pattumiera.»

Sorvolo sull'ultima battuta e saluto. Riaggancio e quasi simultaneamente le mando un sms, dettato solo dall'ansia.

LI PRENDI TU VERO?

Ottengo una risposta laconica: SÌ.

Cedo al mio senso di colpa e digito di nuovo: SCUSAMI PER PRIMA. SONO DISPERATA.

Ottengo un altro laconico OKAY.

Va bene, basta, sto trattando un'adolescente tardiva come se fosse un fidanzato maltrattato. Devo controllarmi. Devo farmi una camomilla.

Volto le spalle al water e appoggio una mano alla maniglia quando ricevo un altro messaggio. Di nuovo?! Alzo gli occhi al cielo e poi leggo.

VIENI A CENA DA NOI STASERA, VERO?

Beatrice! Posso trovare una scusa senza sentirmi una schifezza? No.

Rispondo CERTO ed esco dal bagno.

Quasi mi scontro con Giulia, che storce il naso: «Hai vomitato?».

Mi tocco le guance pensando che mi si sia sbavato il trucco: «No, perché?».

«Non uscivi più!» Poi mi rassicura: «Sto risolvendo il problema della certificazione».

«Ottimo» e carico le parole d'entusiasmo riconoscente.

«È il mio lavoro.» È vagamente stizzita e mi rendo conto che dovrei fare qualche domanda almeno di circostanza. «Hai sentito Stefano?»

Lei chiude gli occhi come dovesse trattenere le lacrime, ma le ha esaurite. «È da sua madre e mi ha chiesto di non chiamarlo.»

Provo a confortarla: «Almeno, vi siete parlati per dirvelo».

«Me lo ha detto tramite la vecchia rimbambita» e dall'astio neppure troppo velato delle sue parole capisco che sta facendo qualche passo avanti.

«Ah.»

Be', almeno ora so che odia Stefano e non è arrabbiata con me.

Ore 13.20

Siete mai stati a Napoli la notte di Capodanno? No? Nemmeno io. Ma suppongo che ci sia un frastuono di festa pari a quello che è scoppiato qui al museo pochi istanti fa.

Mi affaccio al corridoio e vedo Giulia che sventola un foglio annerito dal toner, di quelli che sputa il nostro obsoleto fax.

«Ho risolto!» esulta e sulla sua faccia è tornata l'espressione briosa che ha sempre avuto fino a quarantotto ore fa.

Non c'è bisogno di fare domande, perché man mano che le persone escono dalle porte o accorrono dal piano di sotto, lei aggiunge uno stralcio. Persino la signora alla guardiola di sotto è salita per vedere che cosa sia successo.

«Ho ritrovato i documenti» e Giulia fa una giravolta. «Erano solo nella cartella sbagliata del pc! Mandati, confermati e...» Fa vorticare in aria il fax, anche se nessuno riesce a leggere che cosa ci sia scritto sopra e il logo del mittente è solo una macchia d'inchiostro polveroso: «Il nuovo piano di volo è approntato e domani avremo qui le casse del British Museum!».

L'applauso scatta liberatorio.

Il mio stomaco si sente improvvisamente in paradiso, la vita mi sembra perfetta, l'orizzonte luminoso.

Abbraccio Giulia, che ricambia di slancio.

Sono estasiata al punto che non mi stupisco quando il Soprintendente agita le braccia in alto e lancia un «Evviva!» che viene ripetuto persino da quell'impenitente di Wanda.

Mi sorprende solo un poco che nella baldoria collettiva appaia pure la signora Guglielmini e il Soprintendente le conceda un abbraccio frettoloso e imbarazzato.

Perfino Mirella accenna un gesto con il braccio, a

pugno chiuso. Un gesto timido, di chi non è capace di lasciarsi davvero andare. Mi fa un pizzico di tenerezza.

Comunque, sì, è andata!

Lo sapevo che i denti non c'entravano niente!

Finalmente! E sì, anch'io mi lancio in un «Evviva» che fa tremare le porte. Il museo è salvo, io sono salva, siamo tutti salvi. E ho persino fame!

Ore 14.32

La felicità è un istante. La felicità è effimera. La felicità bisogna conquistarla. Conquisterò la felicità.

Non sto ripassando gli appunti di filosofia del liceo, sto facendo il punto della situazione dopo la pausa pranzo.

Lusingata dalla buona piega degli eventi mi sono concessa il lusso di andare a mangiare nel bar poco lontano dal museo. Per la verità, è un semplice bar con cucina che nella pausa pranzo diventa un concerto di posate e un'orgia di profumi devastanti. Infatti lo evito come la peste nei giorni normali, ma oggi volevo rilassarmi e così ho preso una pasta da asporto e un doggy bag (non saprei definirlo diversamente) di verdure cotte spappolate, con il solito broccolo troppo verde e le carote di un arancione sospetto.

Nessuno ha voluto venire con me, perché la ripresa entusiastica ha ricordato a tutti quanto ci fosse da fare, riattivando l'effervescenza lavorativa che mi galvanizza.

Quindi, sola soletta, ho preso il mio rancio e sono andata a piazzarmi sulla panchina che dà lo schienale al controviale e si affaccia su dei giardinetti spelacchiati. Ma io tengo sempre la testa verso le fronde degli alberi: guardando in alto, un po' di bello, verde e brezza primaverile li si trova sempre.

Mentre finisco il fondo della pasta alle zucchine, mi viene l'idea di rammentare a Claudio che dobbiamo andare da Bea e che si rassetti insieme ai bambini appena rientra. L'aria aperta mi fa venire voglia di sentire quel suo vocione da orso.

Due squilli e risponde una voce femminile: «Sì, pronto?».

D'istinto controllo d'aver chiamato l'utente giusto, ma il display del mio cellulare dice chiaro: CLAUDIETTO.

«Claudio?» chiedo, anche se è evidente che non può essere lui.

«Claudio» e il tono confidenziale con cui la voce femminile pronuncia il suo nome mi infastidisce «è impegnato. Può lasciar detto a me?»

Mi schiarisco la voce e aggiungo piglio professionale: «Sono la moglie, vorrei parlare con lui personalmente».

«La faccio richiamare appena possibile» dice quella all'altro capo della linea.

«È urgente» mi ostino, indispettita.

«Le ripeto che al momento l'ingegnere è impegnato, ma la farò richiamare appena possibile.»

Resto con la verdura cotta che mi fissa, un piccione che mi guarda con la testa reclinata e una valanga di domande. Giusto per ripicca mando un sms al cellulare di Claudio: SE QUELLA STRONZA NON TI DICE DI RICHIAMARMI SONO GUAI.

Sono sicura che lo leggerà chi di dovere.

Ore 14.44

Claudio ha appena telefonato, frettoloso: «Che succede?».

È vero, durante il giorno non ci chiamiamo se non

per urgenze, ma lo sento particolarmente distaccato. «Era per i bambini che devi preparare tu per la cena di Bea. Ti ricordi? Te ne ho parlato stamattina.»

«Va bene, faccio io» e pare non abbia altro da aggiungere.

«Li troverai a casa con Delly.»

«Sì, ho capito» ed è lampante che stia per riagganciare.

Non intendo fargliela passare liscia. «Chi mi ha risposto, prima?»

«La nuova stagista, mi fa da assistente» e la sua voce cambia come chi ha qualcuno, alle spalle, che allunga l'orecchio.

M'impunto: «E risponde al tuo cellulare?».

«È molto giovane,» e qui Claudio si fa caldo, quasi paterno «credeva di far bene.»

«E invece mi ha trattato male» puntualizzo.

Lui è perentorio. «Impossibile.»

«Lo ha fatto. È un'incompetente.»

Claudio abbassa la voce a un mormorio impercettibile: «È giovane e carina e ce l'hanno rifilata perché è la nipote del capo officina. Sta imparando.»

La difende e la apprezza! Gli uomini sono spregevoli.

«Ciao» e sto per riagganciare.

«Aspetta!» urla Claudio. «A quale lavasecco hai lasciato il mio completo grigio? Mi serve per andare a Madrid domani. Ci stiamo preparando.»

Mi risultava dovesse andare da solo...

Il mio umore è sempre alto, ma le verdure le finiranno i piccioni o i vermi, perché le getto ai piedi di un albero: sono biodegradabili e renderanno felici un po' di bestiole.

Ore 20.05

Il concetto che mio marito ha di "preparare i bambini" per una cena a casa di amici è fare in modo che facciano pipì, si lavino le mani e sostituiscano le pantofole con le scarpe.

Cambiarli d'abito è un'idea che nemmeno lo sfiorerebbe. Soppeso se rimproverarlo o no, e lascio perdere: non avrei mezze misure, non oggi!

Siamo tutti vestiti come eravamo al mattino, ma sono le facce quelle con le grinze peggiori. E ce ne pentiamo subito. Tutti gli altri invitati sono agghindati come star pronte per il red carpet.

L'unica di noi sicura di sé è Sofia, che si è data parecchio del mio rossetto dopo averlo tolto dalla borsettina di plastica rosa in cui tiene anche il resto dei miei cosmetici. Mentre se lo metteva, guardandosi nel mio specchietto da cipria, mi faceva il verso: «Ho un po' di mal di stomaco... mi viene la nausea... sono così stanca oggi». Ho fatto finta di non sentire che i maschi di famiglia ridacchiavano sotto i baffi. Aspetterò che i bambini si distraggano per rifilare a mio marito un paio di frecciatine sulla nuova stagista.

La casa di Beatrice è molto più che una casa: è il suo monumento a se stessa. Forse è segno di scarsa personalità del Nuovo.

C'è da riconoscere che Beatrice ha un certo talento come arredatrice. Non per niente le case sono il suo pane quotidiano e nel suo lavoro all'agenzia immobiliare si fa apprezzare perché più che una cacciatrice di abitazioni è una tessitrice di rapporti spirituali tra muri e anime. Non si limita a chiedere: «Quanti locali vorrebbe?».

Le sue domande puntano al trascendentale: «La sua

casa dei sogni dove sarebbe? Sulla Senna oppure si affaccerebbe da un'oasi verdeggiante sulle distese ondulate del Sahara?».

Una volta ho assistito al suo primo contatto con un cliente. Ero presente per puro caso, solo perché passavo per lasciarle un cioccolatino, come facciamo sempre per le feste tipo l'onomastico o la festa della donna (un'usanza che alla nostra età può sembrare infantile, e che invece noi troviamo sia una ventata calda più avvolgente di un abbraccio). Dunque ero lì, con il mio boero tra le dita, quando le sentii porre esattamente la domanda sulla Senna e il Sahara. Avrei scommesso che l'uomo con la giacca blu e i vistosi gemelli d'oro l'avrebbe mandata al diavolo o, al massimo, avrebbe trovato un pretesto per scaricarla. Niente di tutto questo. L'uomo piegò la testa all'indietro in una risata vigorosa e spontanea che mise in mostra un paio di otturazioni nei molari. Poi rispose: «Io ho sempre sognato una casa sull'albero, ma credo che mia moglie indicherebbe Versailles come dimora di base».

Beatrice, in capo a un paio di settimane, gli trovò un trilocale con vista sul parco, al terzo piano, in maniera che le cime degli alberi lungo la via facessero capolino. Ma la casa era in stile settecentesco e con i cornicioni delle finestre arricchiti da modanature a stucco. Consigliò pure l'arredatore e, a quanto ne so, l'uomo con le otturazioni scure e la sua moglie-regina abitano ancora là a distanza di un decennio. Insomma, niente male.

Beatrice sa ricavare il meglio anche dalle cose più semplici. Certo, non scorda mai di essere il centro ben fermo del proprio universo. Sul mobiletto Ikea che a casa mia sembrerebbe esattamente quel che è, cioè del truciolare rivestito in lamina bianca, ha appoggiato una selva di cornici d'argento in cui il suo volto appare nelle diverse fasi della sua vita, sempre con lo sguardo ben dritto verso l'obiettivo, il viso con l'inclinazione giusta e il sorriso smagliante. Anche se la luce non è ottimale, lei sembra brillare di luce propria. Cerco un mobile equivalente che riporti altrettanti scatti del Nuovo, ma non lo trovo. Su una ribaltina c'è una cornice di faggio con loro due a fianco, credo dalle parti degli argini del Po: sono appoggiati alle biciclette, inondati dalla luce di un pomeriggio che li ha abbronzati di quel rossore violento che solo le gite in bicicletta nella primavera acerba sanno donare. Deve essere recente. E, soprattutto, è la sola traccia dell'esistenza di lui.

Le questioni possono essere due. La prima è che lui abbia perfettamente inteso che per stare accanto a Bea è necessario confondersi nella sua esistenza come una cucchiaiata di miele nel tè e non avere la pretesa di uno spazio proprio. La seconda possibilità è che abbia un'ammirevole consapevolezza di essere solo un altro di quelli in transito e non voglia, nel fare i bagagli, dover tribolare per togliere le tracce del proprio passaggio. In entrambi i casi ha la mia stima. Per ottimismo escludo che non abbia ancora capito niente e si stia domandando quale parte recitare sulla scena. Vabbe', ai posteri l'ardua sentenza. In capo a un paio di mesi la risposta verrà dai fatti: le infatuazioni di Bea sono sempre talmente cocenti che parlarne in corso d'opera è perdere tempo.

Il balconcino sul retro è stato trasformato in un delizioso bovindo grazie a dei serramenti che hanno l'aria di antico o forse la sento solo io perché so che Beatrice li trovò durante un viaggio in Camargue e li ha tenuti in cantina per anni in attesa di dare loro la giusta collocazione. E questa, sia detto per inciso, mi sembra perfetta. Sofia, Arturo e Lorenzo si sono innamorati dei cuscini sparpagliati per terra e Claudio si è piazzato in mezzo a loro, con il fazzoletto in mano per controllare gli strascichi dell'allergia. Stanno confabulando e ogni tanto sbottano a ridere. Se non si stanno raccontando storie, stanno ordendo qualcosa per i prossimi giorni. La capacità di mio marito di intrattenere i bambini anche solo a parole mi ha sempre incantata e ammetto che vedendoli lì, tutti e tre stretti attorno a lui, mi sento il cuore esplodere come un popcorn in padella. Potrei volergliene per la questione della stagista o dell'assenteismo degli ultimi due giorni, ma sono troppo sicura di me e di noi per avere ancora voglia di brontolare adesso che ci siamo ritrovati tutti insieme. L'ho detto, no, che Claudio è un tipo rassicurante?

Nei film, il momento di massimo idillio è quello di precario equilibrio che enfatizza l'entità della catastrofe che sta per accadere. Non è la vita che imita i film, sono i film che imitano la vita, si sappia.

Ore 20.55

L'appartamento di Beatrice non è piccolo, è solo che c'è troppa gente. Giulia sta approfittando del fatto che Claudio gestisca i pupi per non staccarsi dal tavolo-bar, dove attacca bottone con chiunque, preferibilmente maschio, sia disposto a un brindisi con lei. Beatrice e il Nuovo sono impegnati nella parte degli ospiti perfetti e io mi trovo a bighellonare scambiando saluti e rapidi aggiornamenti. Sarà la stanchezza della giornata, sarà che ho lo stomaco che ha ripreso a ondeggiare e il pensiero fisso della mostra da allestire o forse, ancora, che non ho avuto i miei venti minuti di isolamento virtuale, ma non ho affatto voglia di chiacchierare.

Vagando mi trovo a ridosso dell'ingresso proprio nel momento in cui la porta si spalanca ed entra... no, pardon, fa irruzione un certo Luca.

L'ultima volta che ho visto Luca è stato parecchi anni fa. Eravamo insieme e formalmente fidanzati e io lo stavo lasciando. Sì, è quel Luca, quello che mollai (volando su e giù per la nazione in aereo) per mettermi con Claudio. Anche se non me ne ricordo spesso, era amico di Bea già prima che ci fidanzassimo. Se poi non ci siamo più incontrati è stato in virtù del caso e della delicatezza della mia amica.

Fermo immagine. Luca chi è, adesso? Uno, nessuno e centomila.

Uno per me, nessuno per il resto dell'umanità, centomila per Claudio.

Senza più scomodare Pirandello (anche perché non riesco a leggere un libro intero da più di cinque anni e i miei ricordi risalgono ormai all'università) scomodo le mie già alterate interiora e mi porto una mano allo stomaco, laddove la nausea sta per trasformarsi in gastrite.

Non che mi dia fastidio rivederlo, dal momento che ritengo la nostra relazione e gli sfilacci emotivi che ne conseguirono una questione così morta e defunta che, per quanto mi riguarda, se ne potrebbero usare le ceneri per farne una clessidra (sulla questione delle ceneri e della clessidra presto o tardi tornerò).

La mia ansia non riguarda me, ma Claudio. Per lui la gelosia è qualcosa di eterno. Le sue gelosie si cristallizzano e restano come diademi scintillanti a tracciare il percorso della sua esistenza, incastonate con pervicace malizia negli angoli più bui, manco dovessero illuminarli a perenne memoria. Temo serbi ancora un carato di antipatia per il bambino che all'asilo gli rubò la ruspa rossa (e ne parlo perché mi ha raccontato la storia almeno tre volte. Giusto per dimostrare quanto sopra, appunto).

La questione della rivalità mai sopita è un punto su cui non abbiamo mai trovato un accordo. Sono stata riduttiva: è un punto su cui riusciamo ancora ad avere degli accesi diverbi. Ci scanniamo, per dirla tutta!

Per me il passato è passato, per lui il passato è un eterno ingombrante addendo del presente.

Però, non è che posso stare sempre a misurare le mie azioni sulla base delle opinioni di mio marito: non l'ho mai fatto prima e non comincerò a farlo ora. Dunque, è normale che quando Luca e io ci riconosciamo, trascorsi i rituali tre secondi di sbalordimento, ci abbracciamo castamente e altrettanto castamente ci baciamo sulle guance. Lo avrei fatto anche con la mia prozia dalla dentiera traballante, per la miseria!

Con le persone che si sono conosciute bene, anche dopo che non ci si sente da anni, i discorsi si riallacciano con estrema facilità e aprirsi a confidenze non è una cosa così strana.

Luca è molto orgoglioso di essere rimasto uno "spirito libero" e di mantenere tenacemente il proprio status di single. «Mia nonna direbbe che sono uno scapolo impenitente. "Scapolo" mi sembra più obsoleto di un cellulare dell'anno scorso, rivaluterei "impenitente". Mi piace dar fastidio ai benpensanti e l'idea dell'impenitenza, del non pagare pegno, li irrita da morire.»

Mentre chiacchiera mi ricordo perché me ne fossi

tanto innamorata ma – giuro – non ho l'ombra di un rimpianto riguardo alla conclusione della nostra storia. Dirò di più: tocca a me gonfiare il petto d'orgoglio quando gli racconto della mia casa in un quartiere tranquillo (trovata grazie a Beatrice, è ovvio), della resistenza del mio matrimonio e dei due marmocchi nei quali ci siamo riprodotti.

Prendo persino Luca per il gomito, in una vicinanza che non ha nulla di sospetto, con un'intimità da vecchi conoscenti, e lo porto a sbirciare il quadretto che c'era fino a poco fa nel bovindo. Purtroppo, di quell'idilliaca immagine, non resta traccia. Sofia si è addormentata tra i cuscini e Arturo e Claudio mi stanno guardando con la stessa identica espressione di astio sospettoso. Mi ero già accorta prima che la loro somiglianza si gioca sull'identica mimica facciale, ma in questo momento sembrano la stessa persona in due epoche diverse. Non è che c'impiego molto a capire che cosa c'è che non va, ma non me la prendo.

«Claudio, ti ricordi di Luca?»

Claudio, che è cresciuto nei rigidi standard di una buona educazione piccolo-borghese, sorride a denti stretti e si alza (fingendo un'agilità abbastanza remota, mi pare) dai cuscini per una formale stretta di mano.

Arturo è fermo al suo posto. «Amore, vieni a conoscere un amico della mamma?» gli propongo.

«No, vado a cercare Lorenzo» risponde e scompare tra gli adulti che nemmeno lo notano, perché arriva sì e no all'altezza della loro vita.

Il resto della serata è qualcosa di molto simile a una rimpatriata, infarcita di ricordi, riesumazioni di antichi episodi, dettagli svelati con qualche anno di ritardo e un imponderabile velo di nostalgia che in me è solo il rimpianto di non avere più vent'anni e forse per Claudio è l'impressione di qualcosa di diverso.

Ma, giuro, non mi sono dedicata solo a Luca e non stavo proprio più pensando alla stagista di Claudio. Colpa mia se Luca era l'unico ad avere qualcosa di nuovo da raccontarmi?

Ore 00.15

«Sei solo sciocco, ecco cosa sei!»

Siamo in camera nostra, sto parlando con la schiena di Claudio e non sono affatto arrabbiata. Anzi, sono dolce, liquorosa e piacevolmente languida per la serata lievemente alcolica, il pensiero svagato dalle ansie da lavoro e la buona onda dei ricordi che mi culla. Non sono per niente offesa dalle battute a mezza voce, grondanti gelosia e astio per Luca, di cui Claudio ha fatto sfoggio fino a cinque minuti fa.

Mi sdraio accanto a lui e gli faccio scorrere una mano tra il braccio e il fianco per andare a mettergli le dita sulla pancia calda. Ai bei tempi bastava questo perché si voltasse e iniziassimo una sessione di sesso acrobatico. Bei tempi, appunto.

«Ehi...» gli soffio tra il collo e l'orecchio.

Lui continua a fare la bella statuina e ostenta quel risentimento tipico delle principesse che non hanno ricevuto l'invito al ballo. Raramente però le principesse hanno il naso otturato. Questo mi irrita e mi irrita tanto che inizia a offendermi e l'offesa toglie tutta l'aura di magia lasciata dalla serata.

Una volta, in un film, ho sentito il protagonista accennare all'idea di una "Polizia Matrimoniale": era solo una battuta di passaggio, prima che la trama prendesse una piega tutta inseguimenti e sparatorie. Però quelle due paroline mi sono rimaste in testa e ogni tanto le rispolvero. Non sarebbe male avere una divisa da togliere dall'armadio e indossare nei momenti di discussione, togliere il distintivo dal taschino e urlare «Fermi tutti! È stata segnalata una violazione! Prima di mettervi in arresto, vi ricordo i vostri diritti: 1. Parlatevi chiaro; 2. Non mentite; 3. Datevi credito (non quello finanziario, quello umano, che ha un tasso d'interesse molto più alto) e bla bla bla» per portare le discussioni sulla via di risolversi anziché sulla dirittura d'arrivo per incasinare le vite.

Mentre penso e m'immagino con la divisa e un paio di manette rosa confetto alla cintola, Claudio continua a stare girato e il suo respiro si è fatto pesante e regolare. Deve essersi addormentato e questo mi irrita ancora di più. Quindi decido anch'io di voltargli le spalle e rimugino di grandi discorsi, argute argomentazioni e pungenti considerazioni con cui difenderò il mio diritto a parlare con chiunque e il suo (suo di mio marito, intendo) dovere a lasciarmi fare e fidarsi (fondatamente) di me. Nelle mie fantasie affronto in maniera forbita anche l'argomento della stagista giovane, carina e inesperta.

Peccato che poi mi addormento e dimentico tutto.

Quarto giorno

Mercoledì 24 maggio

Calma apparente

Ore 6.50

Ci sono persone che, appena sentono lo squillo della sveglia, saltano in piedi, arzille e pimpanti. Ci sono persone che mettono la testa sotto il cuscino e continuano a dormire. Per quanto mi riguarda, opto per una via di mezzo. Sin da quando ero al liceo mi sono abituata a puntare la sveglia presto, a posticiparla un paio di volte e quindi alzarmi dopo una ventina di minuti passati in dormiveglia, nel tepore delle lenzuola.

Il vantaggio del matrimonio è stato che adesso, appena suona la sveglia posso chiedere «ancora 10 minuti» e qualcuno riprogramma la sveglia al posto mio.

Ricordo bene che, a un certo punto, quando abitavamo nel nostro appartamentino in centro, avevo preso il vizio di arrivare a tre e anche a quattro posticipi, fino a che una mattina Claudio perse la pazienza e sbottò: «Tu non vuoi la sveglia, tu ci giochi a Monopoli!».

Proprio perché stamattina non è andata così, mi sono accorta subito che qualcosa non quadrava.

Bofonchio «Dai, sposta», ma nessuno si muove accanto a me e la sveglia continua a suonare imperterrita.

Mi alzo di scatto e noto che le coperte dal lato di

Claudio sono state risistemate con cura. Mi viene un colpo.

Poi mi torna in mente qualcosa e mi lascio cadere sul cuscino con un tonfo sordo. Che Claudio dovesse partire me lo ricordavo. Ma non so se il dialogo che ho in mente è avvenuto davvero o nei miei sogni.

Nella mia immaginazione o forse nella realtà delle prime luci dell'alba, lui si è messo a fianco del letto e mi ha baciato in fronte. Gli ho chiesto se fosse ancora arrabbiato e lui mi ha rassicurata (con quel tono poco sincero che, se fossi stata sveglia e lui non fosse stato in partenza, gli avrei fatto notare). Poi lui mi ha chiesto se avevo organizzato tutto con Delly, per i bambini, e io gli ho detto che ce la saremmo cavata. Poi è successo qualcosa che aveva a che fare con una poltiglia verdastra che mi era colata sulla scrivania, in ufficio... be', penso che quello fosse un sogno. Mi resta da risolvere se anche il dialogo con Claudio sia avvenuto davvero. Se proprio non riuscissi a capirlo da me, posso sempre chiamarlo.

Mi metto a sedere, stiracchio la colonna vertebrale e inizio a strutturare mentalmente un bell'elenco di cosa farò durante la giornata.

Ore 9.20

La calma m'inquieta. È da quando sono piccola che la mia preoccupazione è tenere sotto controllo i possibili imprevisti. Finché sono consapevole di quali siano, a che punto stanno e quali pericoli incombono, penso di poterli gestire e controllo l'ansia. Ma se non ci sono problemi seri nei paraggi, se tutto è tranquillo, in me scatta l'inquietudine: perché è in momenti come questi che le rogne possono vincere.

Magari ascoltata così, nella crudezza di poche parole, la mia teoria può sembrare malata. In realtà, la dimostrazione della sua validità si ottiene facilmente più nei minimi che nei massimi sistemi.

Per esempio, se sono convinta che tutto in casa funzioni bene, non controllerò di aver chiuso il rubinetto centrale dell'acqua prima di uscire e l'alluvione da lavastoviglie mi troverà impreparata. Troppo tragico, riprovo. Se so che Wanda è distratta, posso monitorare le sue operazioni, ma se non la conoscessi mi troverei con tutti i problemi da risolvere a ridosso dell'inaugurazione della mostra.

La pace non mi lascia pacifica e oggi ce n'è in eccesso.

Per cominciare, stamattina mia cognata non mi ha scritto.

E poi non c'era traffico. A un certo punto, la strada era talmente libera che mi è venuto il dubbio che ci fosse una festività che non avevo considerato. Ho persino spento il cd dello Zecchino d'Oro e sfidato le proteste della prole per ascoltare la radio: volevo conferma che fosse un giorno lavorativo. Lo è.

I bambini sono arrivati a scuola così puntuali che li ho accompagnati per mano anziché lanciarli al volo. Non è che "lanciare" sia un verbo che uso a caso. Una mattina di quest'autunno eravamo tutti, loro e io, così in ritardo che ho tenuto per mano Sofia sollevandola da terra e nel varcare la soglia mi è scivolata: per effetto dello slancio mi ha superato di un paio di metri. Mi sarei dovuta schifare di me stessa, invece mi è venuto da ridere e siamo arrivati ancora più in ritardo perché avevo la risata isterica. Arturo e Sofia sorridevano guardandomi, ma quando si sono accorti che mi stavo proprio sganasciando, hanno fatto la faccia che deve essere l'espressione tipica degli infermieri negli istituti psichiatrici. Non potevo, a quel punto, esimermi dallo spiegare perché mi stessi scompisciando. Ho raccontato a tutti e due la cosa che mi era venuta in mente: qualche settimana prima avevo letto che in alcune zone degli Stati Uniti e del Canada si era a lungo praticato, nonostante le rimostranze delle autorità, il dubbio sport del "lancio del nano" che consisteva nello scagliare il più lontano possibile persone molto piccole. I proiettili umani erano imbottiti in abiti molto soffici per attutire e a volte venivano lanciati contro pareti di velcro. Ammetto che i miei bambini non si sono divertiti quanto me, ma hanno apprezzato. Soprattutto hanno capito che la mamma non era ammattita. Aveva solo dei gusti peculiari nel selezionare le notizie da leggere.

Dunque, oggi i bambini sono entrati a scuola quasi in anticipo, il mio parcheggio di fiducia era aperto, asciutto, e ho avuto un attimo di piacevole imbarazzo nello scegliere tra ben tre posti auto.

Non mi è nemmeno preso il panico da «Ho chiuso la porta di casa?» che in genere mi attanaglia quando l'ultima a uscire sono io e non Claudio.

Il solito barista mi ha detto che la camicia blu mi sta bene e mi ha regalato un cioccolatino.

Il comunicato stampa è stato letto e firmato. Il DVD della versione short del video è stato approvato dalla Soprintendenza e io mi sono vista meno peggio di quanto pensassi.

Non bastasse, non sono nemmeno le 10 e già mi sono stati recapitati un caffè (da Wanda) e un biscottino all'arancia fatto in casa (da Mirella, che sa cucinare come uno chef e ci fa assaggiare di tutto, al modico costo del suo debordante compiacimento, farcito di dettagli che smemorizzo all'istante).

La signora Guglielmini mi ha detto «Buongiorno» mentre accompagnava il Soprintendente al distributore delle bevande.

Perché va tutto così bene stamattina? Che cosa devo aspettarmi?

Ore 14.25

È la terza volta che Giulia viene nel mio ufficio oggi, almeno due più del solito in una giornata normale. In genere si affaccia, mi chiama per una pausa caffè o tè o acqua o pipì e poi ci rimettiamo all'opera. Oggi, invece, è passata per una tazza di tè (ore 9.27), per una pastina rubata al piano di sopra (un cannolo siciliano alle 11.32) e adesso che sono le 14.25 è di nuovo qui. Fughiamo ogni dubbio: non sto a controllare compulsivamente l'ora, ma il termostato della mia stanza ingloba un gigantesco orologio digitale ed è di fianco alla porta, quindi mi ci casca l'occhio per abitudine.

A ogni modo, in nessuna delle prime due circostanze ho potuto chiacchierare con lei: ero prima impegnata al telefono, poi intenta a strigliare Wanda.

Adesso Giulia ha per le mani un fiore di plastica.

Io adoro i fiori di plastica. Di solito vengono abbinati a cimiteri di periferia e, lì, a tombe così poco amate da meritarsi del materiale vulcanizzato e colorato al posto di un vegetale vivo sacrificato a seccarsi su una lapide di marmo, magari appoggiato a un triste rilievo in bronzo. Per me, al contrario, i fiori di plastica sono sinonimo di festa: li trovi legati alle uova di Pasqua, appiccicati ai regali di Natale, incollati sui fermagli per capelli insieme a strass e paillette per il Capodanno.

Forse li amo anche perché mia cognata li detesta. Se vede un fiore di plastica lo getta nella pattumiera. Il suo soggiorno è sempre un tripudio di fiori freschi in fasci. In effetti, la domenica, mentre ci sediamo a tavola mi perseguita quell'aroma di fiore morente che è la caratteristica comune dei matrimoni e dei funerali. Ecco, i fiori di plastica non puzzano mai, neppure dopo mesi. Come si può odiarli?!

«Ho trovato questo e ho pensato di portartelo» dice porgendomi una calla che potrebbe anche essere uno spatifolio o forse un tulipano bianco passato sotto una pressa.

«Grazie!» e lo prendo dalle sue mani per infilarlo nel portapenne, dove svetta così alto che penso subito gli ci vorrebbe un'altra collocazione. «Dove l'hai trovato? Non è un modello facile da reperire.»

«Ho i miei contatti... era su un cesto destinato all'amministrazione: pare sia il compleanno di Corrada.»

«Corrada?» Non ricordo nessuno che porti questo nome.

Giulia si siede nella poltroncina davanti a me. Ha un viso abbastanza disteso e una casacca rossa che la ravviva non poco. «È la signora Guglielmini. E non è un caso che non usi mai un nome così... è abbastanza ovvio che i suoi avrebbero preferito un maschio.»

«Se mi becca con questa» e indico la calla che svetta tra le matite spuntate «sulla scrivania, sono morta?»

«No, era attaccata al cesto insieme a nastri e nastrini. Non potrà mai nemmeno supporre che sia esistita.» Poi ammicca. «E poi ha altro per la testa in questi giorni...» Forse colgo un'inflessione pettegola nella sua voce, ma non ne sono sicura. Ammicco di ricambio e indagherei, non fosse che Giulia riprende. «Ma se solo sospettasse che avrebbe potuto essere il suo fiore anziché il tuo, ti strapperebbe il cuore dal petto, lo sai.»

«Farò in modo che non lo immagini nemmeno...» E adesso basta frivolezze, mi interessa altro: «Tu come stai? Ci sono novità?».

«Boh...» Si appoggia alla spalliera e si stringe nelle spalle. «Ieri sera ho bevuto troppo. Stamattina non mi sembrava nemmeno grave che Stefano non fosse tra i piedi. Lorenzo e io ce la siamo cavata benissimo. Cioè, ci ho pensato su... mi manca solo la sera. Per esempio, lunedì ho dovuto portare giù io la spazzatura. E sempre lunedì sera ho dovuto chiamare il vicino per svitare la caffettiera.» Il discorso la accalora e si sporge in avanti, appoggiando i gomiti tra le cartellette che stipano il mio ripiano. «Di solito il caffè lo faceva lui e aveva questa mania di fare le prove di forza con la caffettiera, non ho mai capito perché. Ieri sera è andata meglio. Sono stata fuori, ho bevuto e chiacchierato e, al rientro, niente pattume e caffettiera morbida.»

Non faccio notare a Giulia che ne sta parlando al passato, come se il suo andarsene non fosse solo una pausa, ma un addio. Lei continua: «Sì, insomma, non è male il resto della giornata. Ho persino messo i vestiti estivi nell'armadio senza dover inscatolare gli altri. Adesso che ha tolto le sue giacche, è tutto più spazioso». Sospira e scuote il caschetto scuro. «Ma la sera...»

Poi mi chiede: «Claudio doveva partire oggi, vero?».

«Sì, è andato via stamattina e non mi ricordo bene se ci siamo parlati o no... Mi ha fatto una mezza scenata perché da Beatrice c'era Luca e l'ho salutato...»

Giulia coglie il riferimento al volo. «L'ho visto in gran forma, Luca! Almeno adesso ha una barba vera e non quei quattro peli da spaventapasseri. Non immaginavo che la barba potesse infoltirsi anche dopo i venticinque anni.»

«Se penso ai miei di peli non mi stupisco di niente» commento. «Ma non credo che Claudio abbia notato la barba. Ha detto che stavamo troppo vicini, che non l'ho più calcolato dopo che è entrato Luca in quella casa e non conta che invece io volevo farli chiacchierare ed è stato lui che ci è stato alla larga. Che palle questa gelosia infondata!»

«Cielo! Hai ragione...» Giulia non sta minimamente registrando quello che le dico sulla reazione di mio marito. «Quando hai detto che rientra Claudio?»

«Dopodomani, venerdì.»

«E dove è andato?»

«A Madrid. Stanno creando una collaborazione su un motore ultraleggero che dovrebbe essere più funzionale per le cilindrate basse...»

Non mi lascia nemmeno finire e sorride. «Quindi sei a casa da sola...»

Non ho la prontezza di riflessi di realizzare subito quel che sta succedendo, di conseguenza non ho pronto un buon pretesto quando annuncia: «Visto che siamo due donne sole, perché non uniamo le forze e i figli per aiutarci? Potrei venire a stare da te insieme a Lorenzo, fino a quando Claudio non torna e la vostra happy family si riunisce!».

«Sai,» tergiverso «non è che siamo proprio un grande spasso la sera, in realtà.»

Giulia non demorde e, se indossasse apparecchi acustici, sospetterei li avesse spenti. Insiste nel proiettare il quadretto familiare su cui si è fatta un film tutta da sola. «Lasciamo che i bambini giochino e intanto ti aiuto a preparare la stanza per i tuoi suoceri. Se porti a casa del lavoro, posso addirittura darti una mano e ci portiamo avanti per organizzare la conferenza stampa.» Ritorce il coltello nella piaga. «Se non si guarda in due resta sempre qualcosa di trascurato, lo sai, no?»

Okay, la calla di plastica abbinata all'ipotesi di un supporto nell'allestire la camera degli ospiti (cioè svuotare lo studio per aprire il divano letto) e rivedere in due la scaletta delle ultime incombenze mi convincono.

«Arrivi per cena?» chiedo deponendo le armi.

«Pizza da asporto?» propone lei.

«Aggiudicato.» Sono sempre più cedevole quando non ci sono aspettative sulle mie abilità culinarie.

Raggiunto il proprio obiettivo, Giulia se ne va senza salutare e io resto a vagheggiare un finale di giornata perfetto: una ventina di minuti di videogiochi, i bambini neutralizzati dalla presenza dell'amichetto... okay, questa calma comincia a non dispiacermi.

Ore 15.15

Il carico dal British Museum è arrivato!

Abbiamo bloccato il traffico e ce ne sarà per almeno altre tre ore, ma sono andata personalmente a stringere la mano ai membri dello staff che si occuperà del montaggio e che farà direttamente capo a me.

Ho anche ringraziato i conducenti del trasporto eccezionale e le pattuglie della stradale che lo hanno fatto arrivare fino alla nostra area di scarico. Sono stata così calorosa che mi sono quasi commossa da sola.

Le enormi casse da imballaggio viaggiano su elevatori guidati al rallentatore. La prima l'ho accarezzata. Il legno ruvido mi sembrava carico di splendide promesse.

La mia mente si è proiettata sul lavoro folle che andrà intensificandosi nelle prossime ore.

Un nugolo di uomini e donne si sta assiepando attorno alle casse: sono un incrocio tra i meccanici solerti di un pit stop e un'équipe di chirurghi che si prepara per un delicato intervento.

Ho il batticuore e sono felice. So che la mia mente sarà piena di questo per le prossime ore e tutto passerà in secondo piano.

Quanto amo il mio lavoro! E quanto amo farlo bene. (Nella mia testa si affaccia la consapevolezza che quando fai bene da una parte, dall'altra farai un disastro. Ma per ora preferisco ricacciare il pensiero nei recessi della mia mente.)

Il Soprintendente è al mio fianco, con un sorriso spalancato. Mi accosto a lui e con una confidenza inedita tra noi gli dico: «Situazioni come queste danno un senso a tutte le mie fatiche».

Lui chiude il sorriso e sfoggia l'aria comprensiva: «Ma cosa dice, Lola? Lei ha dei figli!».

Detto in un altro momento e da un'altra persona potrebbe essere una frase ragionevole. Detto da lui, qui e ora, con quel tono, è un modo per ricacciare le donne al loro posto. Forse è per questo che firmo io tutta la documentazione d'arrivo, quasi strappandogli la penna di mano. L'idea è stata mia, la fatica è stata mia. Voglio tutti gli oneri e tutti gli onori di questa cosa, maschio o femmina che io sia. E firmo con più forza quando vedo la Guglielmini che mi studia di sottecchi.

Ore 18.40

Ero appena arrivata nel parcheggio del centro commerciale, stanca ma gratificata, avevo appena connesso il tablet e aperto l'applicazione di Ruzzle (sono tornata al mio primo amore, stasera niente caramelle!) quando è squillato il cellulare. Ho guardato chi fosse. Mia cognata! Le ho lasciato fare otto squilli e poi ho ceduto e ho risposto.

«Ciao, cara» esordisce.

«Ciao, tutto bene?»

«Io sì, ma tu...» e lascia in sospeso.

Non so dove vada a parare e la incoraggio con il silenzio. Intanto, scelgo tra gli sfidanti Joey92. Mi straccia sempre, ma mi serve per capire se sto migliorando.

Camilla, intanto, dice: «Claudio mi ha detto del tuo problema».

Riesco a disinnescare la suoneria del giochino giusto prima che lei si insospettisca. Intanto, butto lì: «Ho parecchi problemi, con lui in viaggio, la mostra imminente e gli impegni dei bambini... di quale problema ti ha detto, in particolare?».

Intanto, mi prendo un appunto mentale di ribaltare il marito per aver spifferato al Grillo Mannaro qualcosa che mi riguarda.

Camilla calca la voce con fare cospiratorio. «Del tuo problema di salute, cara! Mi spiace tantissimo, soprattutto per la gita in barca... ma ci rifaremo!»

La buona notizia è che ho scampato il fine settimana in barca, la cattiva è che non so quale pretesto abbia usato Claudio. Vado cauta. «È solo stress, appena scollino le prossime settimane si normalizza tutto, ne sono sicura.»

Intanto sto facendo una partitona, ho addirittura composto la parola "scaricatore". Lascerò Joey92 con un palmo di naso!

«Eh, non prenderla alla leggera» mi raccomanda il Grillo Mannaro con il suo miglior tono. «Quando le analisi sono così sballate e il sospetto è una disfunzione cerebrale...»

Tralascio per un attimo di giocare, anche se il timer mi dice che sto bruciando secondi preziosi, che potrei adoperare per inchiodare il mio antagonista anziché per tirare a indovinare sull'ultima panzana del coniuge.

«Scusa, ma di che cosa parli?» domando un po' risentita.

Camilla si fa circospetta: «Della TAC! Lo so, Claudio mi aveva detto che non avrei dovuto parlartene, ma io ho un amico neurologo in gambissima. Il migliore nel suo settore!».

Un'Apecar strepita scalando le marce mentre imbocca contromano la discesa del parcheggio coperto. Colgo la palla al balzo: «Grazie, Camilla, scusa ma la linea è molto disturbata! Ne riparliamo nei prossimi giorni!».

E riaggancio.

Potrei chiamare subito Claudio e chiarire. Potrei arrabbiarmi per quello che nemmeno immagino abbia inventato. Potrei... Sì, potrei, ma questi sono i miei venti minuti di videogiochi e ne ho un bisogno intenso!

Ore 18.50

Ho un'acerrima sfidante a Ruzzle. Non ci siamo mai conosciute né abbiamo mai scambiato qualche messaggio. Semplicemente ci accaniamo nell'abbatterci a colpi di punteggio, in partite di tre round.

Perché è la mia nemica? Amaro da ammettere, ho preso il suo nome e la sua immagine come un affronto personale. Sì, sono davvero una femminuccia facile a sentirsi provocata, ma il fatto è che lei ha scelto come nickname Gnocca999 e l'avatar è una sua fotografia a corpo intero, dove appare sinuosa, formosa, in forma e soprattutto non più giovane di me. Mi è piaciuto, appena è apparsa come sfidante, illudermi che se era bella dovesse per forza essere anche un po' fessa, di sicuro meno performante di me. Il mio nickname è Lolastra e il mio avatar è una delle faccine di sistema, con gli occhi strabuzzati, le guance gonfie e l'incarnato giallognolo. Sono partita gagliarda e sicura di me. Alla prima partita mi ha tirato tre ceffoni stracciandomi in tutti i round. Alla seconda mi sono difesa meglio, continuando però a rosicare. Poi è mancata per tre giorni e ne ho sentito la mancanza. Appena è rispuntata, mi sono buttata, preferendola sempre a tutti gli altri concorrenti. Adesso riesco sì e no a pareggiare, ma mi intestardisco senza requie.

Perché mi serve questa nemica? Perché ho scelto lei? Una parte importante la gioca il fatto che somigli in maniera quasi impressionante a mia cognata. E fin qui era facile. Poi perché mi sento fuori forma e la pancia morbida da doppio parto mi infastidisce e lei ha la pancia piatta. Infine, perché tra donne una certa rivalità è innata, ma solo con una sconosciuta la si può sfogare fino in fondo senza remore e senza sentirsi in colpa, liberandosi dei freni inibitori della buona educazione (ma la mia cattiva educazione, qui, può giocarsi solo nella pignoleria con cui seleziono parole scurrili, offensive e a doppio senso).

Mi piace avere un piano B. E in serate come questa, in cui mi mette ko, posso sempre raccontarmi che quella nella foto non è lei e ha scaricato un'immagine dalla rete.

Mi resta lo stesso la paura che mi molli non considerandomi più alla sua altezza. Sarebbe spiacevole doversi fare una nuova nemica.

Ore 19.50

Delly mi ha salutata appena e da come ho trovato la cameretta dei bambini, deduco che anche per lei sia stato un pomeriggio intenso.

«Che ci fanno i cassetti aperti?» chiedo ad Arturo.

Il piccolo uomo gonfia il petto: «Mi sono fatto la valigia da solo per la gita di domani».

In un angolo della camera, infatti, sotto un cumulo di pupazzi c'è uno shopper di tela con la scritta COOP gonfio di abiti. Oddio! La gita! Giuro che non me n'ero dimenticata per pensare alla mostra... davvero.

«Stai via solo un giorno, tesoro» gli faccio notare. «Basta il tuo zainetto e lo prepariamo insieme prima di cena.»

In effetti, Giulia sta chiamando la pizzeria e tra poco dovremmo avere qualcosa da mettere sotto i denti.

Arturo si mette a sedere alla sua scrivania, piena di pastelli colorati sparsi e di un disegno incompleto che, a occhio, ritrae un genocidio: corpi a brandelli, sangue e armi sono ben tracciati. Ma in questo momento preferisco non analizzare. «Guarda che lo so che papà stamattina si è preparato la valigia da solo perché tu non gliel'hai preparata.»

«Come hai fatto a vederlo?» indago.

«Ero sveglio.»

«Forse te lo sei sognato» suggerisco.

«No. Ci siamo anche parlati e lui mi ha detto che gli uomini veri non hanno bisogno di nessuno.»

Potrei dedurne che mio marito abbia fatto un discorso su cui dovrei tornare, ma farlo ora con Arturo sarebbe inutile. Il mio bambino è davanti a me, imbronciato, ed è solo a lui che voglio parlare, approfittando del fatto che Sofia stia intrattenendo Lorenzo.

«Tu hai la mamma che pensa a te. Ho lasciato al museo un cantiere aperto apposta per tornare da te.» È un'esagerazione, ma a volte le iperboli servono.

Arturo mette mano al pastello nero e rimarca alcuni tratti. Mi parla senza guardarmi, ma io so che a volte bisogna non guardare per svuotarsi il cuore.

«Ci lavora anche il tuo amico di ieri sera?» mi chiede.

«Quale amico?» domando, cadendo dalle nuvole.

«Quello che ieri sera ha fatto arrabbiare papà» dice lui, premendo sul foglio.

Ammortizzo il colpo e inizio a selezionare ciò che servirà per la gita di domani allo zoosafari. Parlo come se chiacchierassi, ma peso ogni parola con cautela. «Papà si è arrabbiato per nulla. Luca è un amico di vecchia data. Ci conoscevamo bene tanti anni fa e ci siamo raccontati cosa è successo dall'ultima volta che ci siamo visti.»

Lo sbircio e noto con piacere che sta facendo un prato verde tra un corpo e l'altro. Vado avanti. «Non saresti curioso anche tu di sapere che cosa ha fatto un tuo amico, dopo settimane che non vi incontrate?»

«Sì» dice, anche se resta titubante.

«Bene, dunque sarebbe sciocco chiedere alla mamma di non trattare bene gli amici, quando sappiamo che gli amici sono la cosa più preziosa del mondo.» Piego una felpa e una maglietta a mezze maniche. «Per di più, io amo tantissimo papà e tu sei il mio bimbo adorato. Io vivo per voi» e nel dirlo mi si incrina la voce, perché oggi la battuta del mio Soprintendente mi ha infastidita, ma quello che stavo dicendo allora non è meno vero di quel che sto dicendo adesso. Si possono amare il lavoro e la famiglia allo stesso tempo, in modi diversi, su piani diversi. E non è una cosa che vale solo per gli uomini. Non posso parlare a nome dell'intero universo femminile, ma per me è vero e odio che venga messo in discussione. Lo odio quanto il fatto che il mio bimbo si sia sentito coinvolto in una gelosia coniugale infondata.

Tolgo dall'armadio la giacca impermeabile, il cappellino e un paio di fazzoletti puliti.

Mostro tutto ad Arturo: «Ecco, questo è quello che ti serve per domani. Togliamo dall'armadio anche l'ombrellino pieghevole. Il pranzo al sacco lo porta la scuola e in cucina ci sono acqua e frutta. Manca niente?».

«Il quaderno e l'astuccio. La maestra ci ha detto di portarli.»

Mi accovaccio accanto a lui: «Sono pronti?».

«Sì!» e mi mostra il suo astuccio con un dinosauro disegnato. Poi mi parla sottovoce: «Mamma?».

Avvicino la testa alla sua: «Che c'è?».

«Mi sembra che mi balli un dente» e appoggia l'indice a un incisivo. «Sembra anche a te?»

Tasto delicata: «Pare proprio...».

Ammicca «Sto diventando grande?» e nei suoi occhi verdi non ci sono né malizia né paura.

Gli stringo la testa al petto. «Sì, ma non sarai mai troppo grande per un bacio della mamma» e gliene stampo uno in fronte, grata che lui ricambi l'abbraccio e non fugga come ha iniziato a fare ultimamente.

Ore 20.45

Solo agli adulti i cartoni della pizza da asporto sembrano cartone sporco. Per tre infanti tra i tre e i sei anni possono diventare, nell'ordine: scudi spaziali, vele di navi pirata, zattere per naufraghi, aquiloni d'acciaio (cito testualmente!) o telefoni cellulari con computer incorporato.

Probabilmente Sofia, Lorenzo e Arturo andrebbero avanti a urlarsi fantasie stravaganti e a imbrattare la cucina con briciole e scarti di mozzarella se il mio primogenito non fosse all'improvviso folgorato da un'emergenza.

Giulia e io stiamo analizzando la sua vita coniugale, concedendoci risvolti piccanti e confessioni spassionate. Siamo proprio nel clou di un litigio sulle vacanze che potrebbe aver dato il colpo di grazia al matrimonio, quando Arturo mi tira la manica della camicia blu (ungendola, ma è un dettaglio) e mi si para davanti interrompendo Giulia (mia cognata impedisce ai bambini di interrompere gli adulti, ma io non sono una madre della sua caratura). Mi aspetterei che dicesse qualcosa, invece è impalato, con gli occhi sbarrati e ha la bocca a tondo quando esala un allarmatissimo: «Mamma!».

Aspetto due secondi prima di scuoterlo leggermente: «Ehi, che c'è?».

Sono un po' frettolosa, ma la questione di Giulia mi aveva preso e per di più stavo giusto pensando di proporle un goccetto di quello sherry che da mesi aspetto di aprire, quindi sono proiettata mentalmente sulla scelta dei bicchierini da sfoggiare per la mia amica.

«Non abbiamo ancora fatto gli inviti per la mia festa!»

Arturo ha ragione. Tecnicamente, siamo in ritardo. Esiste un tacito (e per questo severissimo) protocollo scolastico dell'invito alla festicciola. Innanzitutto bisogna avere almeno una decina di giorni d'anticipo (e noi siamo completamente fuori standard, visto che oggi è mercoledì e la festa sarà domenica). In secondo luogo, se gli inviti vengono distribuiti in classe, devono essere dati a tutti i compagni (Arturo, invece, non vorrebbe invitare un paio di bulletti, quindi dovremo organizzare un appostamento strategico fuori dalla scuola, al momento dell'entrata oppure dell'uscita). Punto terzo, i biglietti vanno compilati su carta a tema, con rigorose differenze (non dette e dunque tassative) tra maschi e femmine (e noi non solo non compriamo mai la carta, ma più che sul genere del destinatario puntiamo sulla sorpresa in generale).

Sì, mio figlio ha ragione: è un guaio. Non avremmo dovuto dimenticarcene. Non avrei dovuto dimenticarmene.

«Senti, tardi per tardi, perché non ci pensiamo su un giorno e non li compiliamo domani sera? Domani potrai anticiparlo a voce.»

«Non è possibile non dare i bigliettini. Se glielo dico non se lo ricordano.» Inizia a tremargli il mento. «Non posso essere l'unico della classe che non fa gli inviti!» Ormai ha gli occhi lucidi. «Finisce che non verrà nessuno!»

Che sia Arturo a dirlo mi sta bene, ma che Giulia ripeta le sue stesse parole «Non è possibile» mi indispettisce un attimo. Lei inizia ad agitarsi. «Non puoi fare questo al tuo bambino! Dobbiamo occuparci degli inviti adesso. Subito.» È già in piedi nella stanza, pronta a darsi da fare. «Dove tenete la cancelleria?»

Credo di aver sbagliato valutando i discorsi di Giulia su Stefano come frutto della ragionevolezza. Questa donna è così irragionevole che la lancetta della sua esasperazione ha fatto un giro completo su se stessa ed è tornata a segnare "normal" quando in realtà qui è tutto fuorché "normal".

Ovviamente, Arturo le dà corda: «Vedi? Lo dice anche Giulia!».

«Ti aiutiamo anche noi!» assicura in simultanea Sofia, che tiene per mano Lorenzo, il quale sorride con la bocca ancora sporca di salsa di pomodoro.

«Mamma, suona il telefono...» mi fa notare Arturo.

«È il cellulare di Giulia.»

«No, suona il suo, ma anche il nostro!»

Mentre Giulia risponde alla sua chiamata io prendo la mia all'apparecchio fisso che sta sul comodino di Claudio.

A chiamare è proprio lui. È in Spagna, ma sembra che chiami dalla galleria del vento di qualche base spaziale. Non si sente nulla se non qualche consonante che si intercala a vocali con l'eco, il tutto in zuppa di ronziii e fruscii. Cominciamo con il tono dolce di due che vogliono fare chiacchiera e in capo a un minuto stiamo solo urlando: «Non capisco!», «Non sento!». E trenta secondi dopo siamo già irritati l'uno contro l'altra. Ed è in quel fatale istante che sento, distinta e fastidiosa, una vocetta che chiama: «Claudio!».

E non ho dubbi: è quella della stagista giovane e carina, che risponde sgarbatamente al cellulare di mio marito ed è la nipote del capo officina.

Un fiotto di bile mi risale su per la gola, più per istinto predatorio che per gelosia.

Forse il vento c'è davvero perché sento ancora una raffica e poi solo un residuo lontano, come risacca di mare. Ma Madrid non è sul mare, giusto?

«Sei solo?» chiedo, a voce ben alta, scandendo le parole.

Tutti i fruscii cessano di colpo e sento Claudio che sbraita: «Che cosa hai detto?».

Sicura che la linea sia buona ribadisco la domanda: «Sei solo?».

Il nanosecondo di esitazione imbarazzata la dice tutta. «Ehm» si schiarisce la voce, poi la abbassa «mi hanno rifilato la stagista...»

«E non ne sapevi davvero nulla?» Il mio tono è quello dell'anticiclone della Azzorre quando punta a rovinare un ferragosto.

«L'ho saputo stamattina.» Sta sempre sussurrando, mentre lei chiama il suo nome per la seconda volta. Se potessi avere la moviola riascolterei per decodificare ogni messaggio celato nella sua intonazione.

Siccome non stiamo dicendo nulla, sento di nuovo la voce di lei: «Dai, su, vieni! È bellissimo!».

«Che cosa è bellissimo?» domando.

«Bellissimo?» Claudio fatica a collegare che ho sentito. «Ah... lei... sta parlando del nuovo motore!»

Un gracidio che riconosco come verso di gabbiani in spiaggia mi fa dubitare che siano in un'officina. Non dovrebbero esserci gabbiani a Madrid, giusto? E poi siamo un po' fuori orario per vedere l'ultimo motore...

I miei acidi gastrici si scatenano. «Divertitevi» dico e riaggancio. Per non cedere alla tentazione di richiamare ed evitare che mi richiami, stacco la presa dal muro. E finalmente vado in bagno a vomitare.

Lo sapevo io che una giornata tranquilla mette di cattivo umore.

Ore 21.15

La telefonata per Giulia era da parte di Beatrice. Avrebbero potuto parlare della imminente separazione di Giulia e Stefano, ma hanno preferito curarsi degli inviti di Arturo. Un pensiero gentile? Forse.

Venti minuti dopo aver riagganciato, Beatrice era sulla soglia di casa mia, con un rotolo di carta.

«Ho l'ideona del secolo!» ha assicurato.

«Non c'è Francesco?» le chiede Giulia, forse delusa per la carenza, in casa, di personale maschile maggiorenne.

Bea agita le mani al vento in versione Madama Butterfly: «Ma figurati. Rovinare una serata tra ragazze con un fidanzato? Sarebbe di pessimo gusto!». Prima che mi faccia un'idea sbagliata precisa: «Francesco ha il calcetto. L'ho scelto perché gioca a calcetto. Se uno si dedica a uno sport patetico praticandolo con uomini bolsi nella squadretta degli scapoli, puoi star certa che è uno con cui accasarsi.»

«In che senso?» chiede Giulia.

«Uno che gioca a calcetto ha voglia di passare dalla squadra degli scapoli a quella degli ammogliati, lo sanno tutte! Se va a calcetto è perché non sa immaginare niente di meglio da fare a metà settimana, quindi non ha grilli per la testa. Fidatevi: chi gioca a calcetto, può essere controllato.»

Giulia e io riflettiamo su questa verità rivelata e Bea continua: «Stasera gli avevo chiesto di non uscire, cioè di saltare l'allenamento per allenarsi un po' con me». Guarda i bambini, che la osservano come chiodi attratti da una calamita. «Be' ci siamo capite... Però poi ho sentito Giulia e ho preferito vedere voi due. Pensate che per farlo andare l'ho dovuto accompagnare io al campo e in pratica buttarlo giù dalla macchina.»

Cambia argomento in maniera repentina e si gira verso Arturo, abbassandosi con il busto verso di lui: «Ma io sono venuta per una storia di inviti in ritardo che mi ha molto, molto colpita!».

Beatrice è truccata e fresca, ha il tacco regolamentare, la calza a rete tesa e senza un solo rombo sfasato (io li divarico sul polpaccio e li restringo a fessure invisibili sulla caviglia) e un'acconciatura vaporosa ma statica che sembra la versione da signora di una testa della Playmobile. Lei è così: splendidamente artefatta e non c'è maschio sano di corpo che possa ricordarsi di chiudere la bocca per i primi trenta secondi. Arturo incluso.

Mio figlio batte le mani. Lei va in sollucchero: «Vieni qui, piccolo Artù!».

Mio figlio non vuole bene a Beatrice: le è devoto. Lei parla e lui pende dalle sue labbra. Lei incede e lui la segue come un'ombra. Lei lo tratta come fosse un acquirente come un altro e lui le sta appresso.

L'idea è quella di prendere il poster che lei ha portato, tagliarlo a pezzetti e scrivere sul retro. Tutti gli invitati riposizioneranno il proprio invito arrivando e scopriranno di quale grande progetto sono parte.

Il poster è di un'isola esotica, per quanto può essere esotica un'isola mediterranea. Sotto campeggia la scritta OCCASIONISSIME IN MULTIPROPRIETÀ! e, a seguire, il nome e il recapito dell'agenzia di Beatrice.

«Ti piace l'idea?»

«Sì!»

Arturo è galvanizzato.

Tra me e me alzo gli occhi al cielo. So che mio figlio direbbe di sì a qualsiasi idea di Beatrice, ma appena lei se ne andrà e lui tornerà a ragionare come un essere senziente, si pentirà della scelta e mi costringerà a rifare tutti gli inviti. Tutti e diciotto, per la precisione.

Ma Beatrice ormai è un rullo compressore. Misura, taglia, riordina pennarelli, affida incarichi.

«Lo volete un bicchierino di sherry?» chiedo quando il tavolo è una distesa di strisce di carta, avanzi di colla e tappi lontani dai propri pennarelli.

«Per i bambini credo sia meglio una camomilla» nota Giulia, che sta tracciando meravigliose righe a zig zag con un paio di forbici sottratte all'astuccio di Sofia.

Emano un sospiro impaziente. «Sì, per loro la camomilla, ma io ho bisogno di qualcosa... è come se il mio stomaco fosse in sciopero.»

«Non hai mangiato quasi niente,» osserva Giulia «ti ho dovuto aiutare a finire la pizza!»

Terrò segreto che ho vomitato perché non so ancora se è bene esternare la questione della stagista. Giulia e Beatrice, per motivi diversi e opposti, sono emotivamente instabili e non darebbero i soliti buoni consigli.

«Ma sai che sei pallida?» nota Beatrice, sollevando lo sguardo dal righello rosso di Arturo.

«Non mi sento bene» concordo.

«Mamma, ti porto una medicina?» propone Sofia e io le rispondo di no con un movimento della testa che mi fa venire le vertigini.

«Mica avrai l'epatite?» chiede Giulia. Dopo mia cognata e la TAC, oggi è la giornata medicale.

«Se l'avesse, sarebbe gialla» osserva Beatrice.

Giulia non ama le situazioni sospese e trova un'altra soluzione: «Sarà l'influenza gastrica, pare che sia in giro».

Provo a cambiare discorso: «No, è solo un po' di stress... e poi di tanto in tanto mi viene una fitta allo stomaco. Succede quando mi ricordo che non mi sono ricordata di cercare il mio anello di fidanzamento. Non lo trovo da sabato!».

«Quale, quello bellissimo?» Giulia e Bea mi fissano, una con la fronte corrugata verso l'alto e l'altra con la bocca rossa a forma di "o".

«Sarà qui in giro» dico provando a tranquillizzare loro e me.

Sofia arriva con il cartone della pizza in testa e qualche frammento di origano tra i capelli. «Ce l'ho io, mamma!»

«Il mio anello?» e sussulto. «Davvero?»

«L'ho messo nel mio scrigno» mi rassicura lei salendomi in braccio e spostando il cartone dalla sua alla mia testa. A me tocca una briciola di pasta che mi si appiccica al naso.

«Puoi andarlo a prendere, tesoro?» le chiedo cortese.

«Vado subito» e vola via con il cartone in mano, tipo bandiera. Un frammento di pomodoro precipita sul tappeto. Ottima idea la pizza da asporto.

Intanto Arturo e Lorenzo iniziano a litigare.

«Voglio io il pennarello rosa!» dice Lorenzo.

«Gli inviti rosa sono da femmina» lo folgora Arturo, che tiene il pennarello nella mano alzata per non farglielo prendere. «E poi tu non sai scrivere.»

Lorenzo sale sulla sedia per raggiungere la mano di Arturo. «Lo voglio lo stesso.»

Arturo si mette in punta di piedi. «Se scarabocchi con il rosa, ti faccio mangiare la carta!»

Bea si rivolge a me. «Senti, porta lo sherry. Non i bicchierini: la bottiglia intera.»

Sofia mi raggiunge al mobile bar. «Mamma, non c'è più!»

Fingo di non essere delusa. «Non ti ricordi dove lo hai messo, tesoro? Magari gli hai cambiato posto.»

Sofia non ha più il cartone in mano, ma tutto quello che stava sul cartone adesso è sulla sua maglietta. Scuote la testa. «Era là, ma adesso non c'è più.»

«Non può essere uscito dalla camera, magari dopo controllo anch'io. Adesso vai ad aiutare tuo fratello.»

«Lui non ha aiutato me» dice lei, incrociando strette le braccia al petto.

Okay, ce la posso fare. Non devo perdere la pazienza proprio ora.

Sospiro: «Dimostragli che sei una brava sorella, così lui ti imiterà».

Sofia mi gira le spalle e torna in camera sua.

Offro lo sherry a Bea e a Giulia, ma per me preferisco un gastroprotettore: l'idea che l'anello della bisnonna sia da qualche parte dove potrei risucchiarlo con l'aspirapolvere o da cui potrei non toglierlo mai mi ha portato direttamente sulla funicolare per l'ulcera.

Per di più, è chiaro che il mio studio non sarà trasformato in camera degli ospiti entro sera. Avrei dovuto saperlo!

Ore 23.10

Apprezzo quelle scuole di pensiero, prevalentemente nordeuropee, che vogliono i bambini a letto presto. Le apprezzo soprattutto quando in questa casa si fa tardi. È a notte fonda, quando i pupattoli dovrebbero dormire già da almeno due ore, che i capricci si fanno seri. Per esempio, Sofia e Lorenzo stanno litigando su chi abbia diritto a dormire nel letto improvvisato in terra.

Arturo, invece, sta piagnucolando perché domani sarà l'unico bambino a essere in gita senza né il papà né la mamma.

Posto che io non mi capacito di come una scuola possa chiedere ai genitori di partecipare a un'attività scolastica di una giornata intera nel bel mezzo della settimana, dopo un accurato interrogatorio stabilisco che i bambini solitari saranno cinque su venticinque. Tento di convincere Arturo che non è un caso eccezionale: rientra in una casistica nella quale si riconosce ben il venti per cento della popolazione della sua classe. Il dato statistico non lo colpisce particolarmente. Ma sono troppo stanca anch'io per affrontare questo problema.

Siccome ho imparato quando arrendermi nelle battaglie che mi vedono perdente e siccome sono della ferma opinione che bisogna rimandare alla mattina dopo i problemi che la sera sembrano troppo grandi, mi cavo d'impiccio con la classica scorciatoia da genitore, quella sconsigliata da tutti i terapisti e da ogni pedagogista sulla faccia della terra: la falsa promessa.

Come un mafioso medio a un maxi-processo rendo solenne giuramento di una menzogna: «Alla prossima gita non mancheremo!». Fossi capace di raccontare bugie, saprei che per non mettersi troppo nei guai è necessario attenersi il più possibile al vero o al probabile. Purtroppo, sono un'avventata e pure maldestra, così esagero: «Verremo sia io che papà: tutti e due!». Lo so che mi sto mettendo un metaforico cappio al collo, ma la faccia di Arturo sta finalmente abbandonando la piega del broncio e per vederlo addormentarsi sereno (ma, soprattutto, per liberare la mia coscienza dal peso di abbandonarlo domani) prometterei persino di portarlo in vacanza su una luna di Giove.

Ore 23.45

Sono sdraiata al buio, con gli occhi spalancati, ma faccio finta di dormire perché non ho voglia di chiacchierare con Giulia che si sta facendo la doccia. Sono stesa nella mia metà di letto e l'altra parte, piatta e vuota, la vedo anche se la luce è spenta. Mi ricorda l'assenza di Claudio. Ripenso alla nostra telefonata. Anzi, continuo a pensarci perché – anche se ho fatto e detto altro per tutta la sera – il mio pensiero non si è mai mosso da lì.

La gelosia mi rode e mi affatica ulteriormente lo stomaco.

Quella vocina in sottofondo mi titilla la gastrite e mi inacidisce le mucose fino a stringere la gola. Mi irrita che Claudio abbia avuto un atteggiamento ambiguo. Mi irrita non aver saputo prima che sarebbe stato accompagnato. Se ne fossi stata al corrente, non mi avrebbe infastidito e se avessi avuto motivi di risentimento, li avremmo potuti affrontare insieme. Magari non è successo niente, ma mi sento tradita.

Posso razionalizzare e immaginarli immersi in scartoffie con progetti e flussi di denaro, intenti a fare conti e a pianificare correzioni. Ma posso anche seguire la mia fantasia e immergerli in un gorgo di lenzuola con lampi di carne nuda e mugolii.

I versi dei gabbiani sarebbero la colonna sonora di entrambe le scene.

Potrei prendere il toro per le corna e chiamare per avere chiarimenti.

No, questo no.

L'esperienza insegna che le gelosie non si gestiscono telefonicamente, altrimenti si generano fraintendimenti e rancori.

Mi gratto una pellicina accanto all'unghia del pollice e cerco di capire se davvero Claudio potrebbe tradirmi.

Focalizzo e penso. Certo che potrebbe! Che cosa impedirebbe a quella sbarbata di attentare alla virtù del mio uomo? Niente! Per la miseria, non basta una fede al dito per alienare un essere adulto dal mercato delle richieste e offerte sessuali. Del resto, lui stesso potrebbe averci provato per primo. Carne fresca ed entusiasta, mentre sua moglie è sempre all'inseguimento di qualcosa. Qualcosa che lo riguarda molto marginalmente, ammettiamolo.

Mi interrogo mentalmente alla ricerca di cause di allontanamento tra me e Claudio. Per quanto scavi, arrivo sempre alla conclusione che non va poi male: ci parliamo (a volte sinceramente, a volte quasi), facciamo l'amore (che vuol dire tutto o non vuol dire niente), amiamo i nostri figli (anche quando li strozzeremmo), discutiamo (spesso) e ci rappacifichiamo (in via più o meno definitiva). Forse mi sfugge qualcosa? Forse non sono abbastanza autocritica? Sono stata una moglie distratta?

Calma. Non posso farmene una colpa: il problema non può diventare mio, adesso.

Per attenuare la morsa del mio nervosismo, decido che appena rientro lo torchio come un grappolo d'uva e ne saprò di più. *Miserialadra*. Ci mancava pure questa!

Mi giro su un fianco e mi raggomitolo, provo a rilassare le spalle e la fronte e a sistemare le tessere del mio puzzle una alla volta, vagliando caso per caso ciò che è accaduto.

Come ogni sera, quando il bilancio della giornata è precario, penso speranzosa che a ogni giorno ne segue un altro. Quello che non ho fatto oggi non è perso per sempre: ci penserò domani.

L'ho già detto, no, che sono un'ottimista?

Quinto giorno

Giovedì 25 maggio

Di febbre, di fachiri e di altri imprevisti

Ore 7.15

Se dovessi scegliere un giorno della settimana da detestare non indicherei il lunedì. Il lunedì è solo il primo vagito settimanale, non ci si può arrabbiare con uno che è solo un esordio. Il mercoledì, al contrario, sta lì in mezzo ai sette giorni. Ci arrivi potenzialmente già stanco e, se guardi verso il fine settimana, lo vedi ancora lontano. Non esattamente lontano, ma ancora inarrivabile.

La mia pessima opinione riguardo il mercoledì è il grande riscatto del giovedì, che è il traghettatore verso il venerdì e ti fa già approdare al sabato.

E poi oggi è un giovedì di sole.

E poi stamattina la colazione l'ha preparata Giulia: pancake per tutti.

E poi stamattina forse Arturo farebbe un altro capriccetto per la gita, ma c'è Lorenzo e davanti a lui preferisce fare il grande.

E poi oggi la mostra farà un passo determinante per diventare vera, perché lo staff di rimontaggio lavorerà a tempo pieno.

E poi a metà mattina c'è la conferenza stampa ed è una delle occasioni in cui siamo tutti in gran spolvero, ed essere in gran spolvero comporta sempre che per l'ufficio ci sia una bella spruzzata di aria di festa.

Datemi un caffè e oggi solleverò il mondo.

Avrò un vestito adatto per l'occasione?

Già, sollevare il mondo...

Ore 8.15

Arturo è appena partito e Sofia ha trovato una compagna di classe che entrava presto: si sono prese per mano e sono entrate in classe da sole.

Giulia è andata con la sua auto a portare Lorenzo alla sua scuola, che è abbastanza distante.

Metto mano al cellulare e me lo porto all'orecchio come mi punterei una pistola alla tempia. Il numero che sto chiamando è quello di Claudio.

Tecnicamente, è la seconda chiamata della giornata, perché ho già provato a contattarlo prima di uscire di casa, ma non ha risposto.

Il suo «Pronto?» viene da un luogo silenzioso. Linea perfetta.

«Sono io. Tutto bene?»

Sembra normale, mi domanda di Arturo, gli racconto della gita e degli inviti fatti e appena distribuiti. Mi chiede di Sofia e lo rassicuro. Mi chiede della mostra e lo aggiorno.

Una telefonata tranquilla, mentre innesto l'auricolare e guido piano verso il museo, nel traffico cittadino non ancora impazzito. La vita sembra fluida, normale.

Le fitte di gelosia di ieri sera sono lontane, cancellate una a una dalla sua voce serena, dall'andamento liscio della chiamata.

Però, quando il tarlo ha cominciato a rosicchiare, non è possibile fermarlo.

«Dove sei?» gli chiedo come se fosse una domanda normale.

Sento che Claudio tergiversa un attimo, poi spiega: «Ieri ci hanno spostato da Madrid a Barcellona, perché la succursale dei soci con cui stiamo lavorando è qui».

«Mi sembrava di aver sentito i gabbiani, infatti» e lo dico pacata, senza rimprovero.

Sbuffa un sorriso dal naso «Sembra di essere in vacanza...», poi torna serio: «Sono anche molto soddisfatto del lavoro».

Non si dilunga nei soliti dettagli tecnici con cui infarcisce le nostre conversazioni e mi lascia il tempo di fargli la domanda che non dovrei fare. «Ma in quanti siete?»

«Solo io e Raffaella.»

Ritratto: le fitte di gelosia non sono state cancellate, si erano solo distratte e adesso si ravvivano come aghi in un puntaspilli. Colpa della scioltezza con cui ha pronunciato quel nome proprio. Non ha detto «la stagista», non ha detto «la nipote del capo officina», l'ha chiamata come un'amica. O peggio.

«Ah» dico. Pateticamente, la butto sul ridere: «Mi devo preoccupare?».

La risata sembra sincera: «Quanto sei stupida! Dai, non scherzare».

La sua risposta potrebbe essere soddisfacente e sono pronta al commiato, quando la solita vocetta arriva da due metri al massimo da Claudio: «Allora, usciamo?».

Me l'ero immaginato da solo, nella camera d'albergo, seduto sul suo lettino singolo, fresco di doccia e con la camicia appena infilata... La voce della stagista alza il sipario su un'altra possibilità.

«Bene,» dice Claudio «devo andare. Ci sentiamo dopo.»

Mi sentirei stupida a chiedergli se è in camera o in quale altro posto. Deglutisco rabbia amara e mi guardo bene dal trarre conclusioni.

Ore 9.15

Io e il Soprintendente siamo fianco a fianco nella sala delle conferenze, dove iniziano ad arrivare alla spicciolata i primi giornalisti. I cameramen si sono piazzati e le luci ci accaldano.

Appena oltre la soglia, Giulia sta aiutando Mirella (oggi in abito arancio caldo dal taglio perfetto: si vede che lei si veste senza assilli, al mattino) a distribuire la cartellina con il comunicato e le foto di repertorio delle due opere esposte. Quelle che ci hanno girato il museo fiorentino e il British Museum, perché l'allestimento è appena iniziato, a poche decine di metri da noi. Non vedo l'ora che cominci l'incontro con la stampa e non vedo l'ora che finisca per andare a soprintendere all'allestimento.

Strizzo gli occhi un secondo per allontanare l'ultima traccia di sospetto risentito su Claudio e concentrarmi sul mio evento: sono emozionatissima. Quando quello che avevi immaginato sta per diventare realtà, devi solo sperare che la tua immaginazione non abbia esagerato e che la realtà non sia avara. Basterebbe un punto d'incontro tra le due a metà strada per dare un successo.

Con un gesto indifferente lascio scivolare il cellulare nella tasca della giacca. Ho messo il tailleur rosa che ho comprato in saldo la scorsa primavera. Il bottone dei calzoni, in vita, è piacevolmente lento. Sono persino dimagrita: pronta per la prova bikini, ma soprattutto – una volta tanto – orgogliosa di me.

Sono così emozionata che ho voglia di condividere

con qualcuno questo momento. La persona con cui lo farei, d'istinto, è Claudio, ma non so se sia il caso. Me lo domando un paio di volte e poi decido che, qualsiasi sia il ruolo di Raffaella, io sono quella che sono e tale resto. Sfilo il cellulare e digito: STA PER INIZIARE LA CONFERENZA STAMPA. TI RENDI CONTO? È QUASI FATTA! È FANTASTICO: SI COMINCIA!

Risponde quasi subito.

ORGOGLIOSO DI TE LO SONO SEMPRE.

Forse sta andando tutto bene, tra noi. Devo imparare a valutare i vantaggi della nostra relazione e a tenere a bada le mie ansie.

Certo, il fatto che lui sia in giro per lavoro per oltre un terzo dell'anno aiuta non poco a tenere vivo il nostro rapporto. Se magari la stessa frase me l'avesse detta stamattina mentre si lavava i denti avrei potuto scorgervi una certa noia o addirittura un alone di irrisione. Invece, stare con alcune centinaia di chilometri di distanza messi a forza tra noi fa sì che tutti e due abbiamo bisogno di confortarci sapendo che l'altro non è lì ma è comunque dalla tua parte. Ammetto anche che a volte mi trastullo mandandogli messaggi di esplicito richiamo sessuale e lo farei anche adesso, ma sarebbe solo il gusto di mettermi in competizione con Raffaella in una gara che forse non esiste.

Quando il telefonino mi vibra addosso lo agguanto perché spero che sia lui. Spero anche che non sia un'emergenza nell'allestimento.

La vibrazione non smette e quindi è una chiamata. Mi giro di tre quarti per vedere chi sia e quello che lampeggia è il numero della scuola. Porca miseria.

Mentre nella stanza qualcuno entra vociando e io dovrei essere lì a offrire il mio miglior sorriso, corro lungo la parete alle mie spalle e vado a rifugiarmi dietro la bandiera italiana per rispondere sottovoce.

«Pronto?»

È la maestra Lucilla. È un po' affannata. Sofia ha la febbre e delle bolle rosse. Posso passarla a prendere?

No, che non posso! Ma non si risponde così alla maestra. Non lo si fa da alunni e non lo si può fare nemmeno da genitori. La maestra ha sempre ragione, da qualsiasi lato tu ti avvicini alla cattedra.

«È una cosa seria?»

Già la maestra non mi stima, ma con questo mi sono giocata gli ultimi scampoli di credibilità: «Signora, non l'avrei chiamata se non fosse una cosa seria. Passa?».

«Sono nel pieno di una conferenza stampa e mio marito è all'estero...» e uso un tono da giustificazione a scuola.

«Dunque...» e lascia la frase in sospeso, un po' sibillina. Lo ribadisco: molti si lamentano dell'abuso dei puntini di sospensione nello scritto, ma anche quelli nel parlato non scherzano.

«Credo che sia solo perché ha dormito poco, vede, avevamo ospiti e siamo andati a letto tardi» azzardo.

«Ah» e non ci sarebbero parole per tradurre il disprezzo implicito. So che a mia cognata non succederebbe. Il suo bambino non si ammala mai nei momenti sbagliati. Lo ha programmato meglio di quanto ho saputo fare io con i miei!

«Magari se si riposa un po' si riprende» e fingo di essere certa di quel che dico.

«Signora,» si spazientisce «io tengo ventiquattro bambini, non posso far fare a ciascuno il pisolino a un orario diverso. Le ripeto: Sofia, sua figlia,» e nella ripetizione del nome e della qualifica c'è il tono di chi ti ripete un paio di principi fondamentali «non si sente bene e ha bisogno di tornare a casa.»

Mi arrendo: «Faccio in modo che qualcuno venga nel minor tempo possibile. Intanto la tenga lì».

«Ovvio.»

E riagganciamo, senza convenevoli da nessuna delle due parti. Forse non sto agendo nella maniera diplomaticamente opportuna per garantire a mia figlia, Sofia (sì, me lo ripeto anch'io quel paio di principi fondamentali), una serena esperienza scolastica.

Intanto, la voce del Soprintendente mi richiama, sporgendosi da sopra il tricolore: «Ci sono tutti. Iniziamo?».

«Certo!» e sorrido come se non stessi aspettando altro e fossi nascosta dietro lo stendardo solo per fare un'uscita plateale. Che, tra l'altro, mi riesce bene, perché tutti quelli che si sono stipati lì dentro mi osservano con una certa curiosità mentre esco dall'angolino.

Mentre il Soprintendente parla, io mando sms da sotto il tavolo. Contatto prima Delly e poi sua madre.

EMERGENZA SOFIA DA PRENDERE A SCUOLA. IO BLOCCATA. VAI TU?

Quando alzo lo sguardo la prima fila mi sta fissando. Non avevo calcolato che io non vedo sotto il tavolo ma il tavolo non ha niente che lo copra davanti e il mio tentativo di messaggiare come una scolaretta ha allontanato l'attenzione di parecchi dalla forbita prolusione del mio superiore diretto.

Vabbe', quando si è in una posizione critica bisogna essere fiduciosi: si ha più margine di miglioramento che di peggioramento. Tutto sta nel crederci e nel capire in che direzione muoversi per sfruttarlo.

Spengo il cellulare e mi concentro. Tutto quello che potevo fare l'ho fatto. Sorrido.

Come diceva sempre la buon'anima di mia nonna: «Vestiti bene e trova la postura giusta. Il resto viene da sé».

Questa teoria della postura la credevo una cavolata, invece è vera!

Raddrizzo la schiena, trattengo la pancia (che bello lo scivolare leggero verso il basso della cintura!), sorrido e mi tocco vezzosa la collana che sembra d'osso e in realtà è di plastica, ma ingannevolmente perfetta. Scordo tutto e mi concentro sul sembrare la puntuale e volitiva curatrice del museo che il Soprintendente ha appena tratteggiato (attingendo ai suoi sogni proibiti, dacché è evidente che la sua considerazione per me è quella che il fattore riserva a una gatta troppo prolifica per essere la cacciatrice di topi che lui vorrebbe).

Apro bocca e non mi riconosco. E questa sì che è una sensazione piacevole: ho scorporato la madre dalla curatrice (o la curatrice dalla madre, per me sono parti ugualmente essenziali pur con le dovute differenze) e attacco con il mio show.

Non fanno la ola, ma solo perché non sono allo stadio. Giuro.

Ore 10.45

Dopo la conferenza è stato allestito un piccolo rinfresco. Il mio mal di stomaco mi sta regalando una tregua e prima di correre a riaccendere il cellulare faccio un pensierino alla possibilità di regalarmi un bocconcino di formaggio e un bicchiere di vino bianco. Studio la situazione al tavolo del buffet e la prospettiva tramonta con la velocità di un dirigibile abbattuto dalla contraerea nemica.

Non che il museo sia famoso per la generosità nell'allestire i rinfreschi, ma questa volta abbiamo giocato ad acquistare i prodotti in offerta al discount dietro la casa dell'addetta stampa e le bottiglie sono giusto tre. Piuttosto che sgomitare, potrei fare un salto al distributore automatico e regalarmi un pacchetto di patatine. Sarebbe un pensiero da censurare, ma ogni volta che mi accorgo di essere dimagrita mi premio con qualche vizio. Deve essere per questo che non rimango mai magra per più di due settimane. Anzi, no, la mia non è ciccia: è quella cauta morbidezza che con l'età ho imparato ad apprezzare come un ammortizzatore contro l'abrasività della vita. Magari se rinasco divento una di quelle sportive che sono un fascio di muscoli asciutti e sprizzano salute ed elasticità a ogni movimento. Per ora, per fortuna, comunque, nessuno mi valuta o mi dà voti sulla base del girovita e, se lo fa, il problema non è certo mio.

E poi ho la certezza di essere in forma, forte di una mia solida teoria.

L'ho messa a punto dopo la gravidanza di Arturo, poi l'ho condivisa con le mie amiche e da lì in avanti è diventata il nostro parametro di riferimento. La regola si riassume in "rapporto tetta-pancia". Allora, si procede così: bisogna sedersi comode, con le spalle diritte, ma comode, cioè non impettite come una sentinella durante il turno di guardia, ma fiere come la regina d'Inghilterra alla foto di compleanno. Si mette la mano al seno e la si lascia scendere dritta, se non incontra la pancia si è perfette, se sfiora la pancia si è al limite di tolleranza, se intercetta la pancia rimbalzandoci sopra, è meglio iniziare a cucinare leggero. Certo, se si è culone, il problema è diverso (e non ho elaborato una teoria a questo proposito, perché sono una donna addominale) e se si è tettone – problema che non ho mai avuto – si parte in netto vantaggio. Ma nella vita è sempre così: non sempre si vince per merito, a volta la genetica ci mette lo zampino.

A ogni buon conto, il giorno in cui elaborai la teoria tetta-pancia mi feci una solenne promessa: non avrei mai cercato facili sconti sull'età con patetici tranelli tipo farsi i codini o mettersi foulard colorati nei capelli. Ho sempre avuto il terrore, nel caso mi venisse l'uggia di indulgere in certi pericolosi vezzi, di finire per sembrare Salvador Dalí quando si travestì da Baby Lindberg: un rugoso vecchietto con cuffietta di trine e ciuccio in bocca.

Ore 11.05

Le notizie che leggo dagli sms appena riaccendo il cellulare le ammortizzo solo perché le endorfine mi si sono alzate per il buon risultato della conferenza stampa. Mi hanno sempre ripreso di fronte, il lato da cui vengo meglio, le domande sono state pertinenti e la mia martellante insistenza sul valore della mostra per il museo, la città e l'indotto turistico ha sortito l'effetto che desideravo, anche perché Mirella è riuscita a infilarci importanti dati sul numero dei nostri visitatori. Ha omesso che per la metà sono scolaresche, anche se non è che questo faccia la differenza, la fa solo per il mio Soprintendente che sogna un afflusso costante di studiosi dai quattro angoli del globo, mentre io credo che sia meglio riempire di cose belle le nuove generazioni piuttosto che gli estimatori già collaudati. Mentre lui punta a convertire i convertiti, a me piace la missione ideale di fare proselitismo tra quelli che il bello non sanno che esiste ma, se lo scoprono, se lo portano appresso per la vita e magari diventeranno – da grandi – capaci di riversarlo in ciò che faranno, qualsiasi sarà la loro attività. Va bene, sono una sognatrice.

Dunque, accendo il mio guinzaglio elettronico e trovo una chiamata di Delly e una di sua madre. Delly è senza auto e sua madre si è presa il mezzo per un impegno di lavoro. La mamma di Delly fa dimostrazioni casalinghe di una nota marca di cosmetici che vende solo attraverso rappresentanti volenterose che fanno vendita porta a porta. Lo ribadisce nel messaggio.

Gli altri due messaggi sono un sms di Claudio che mi chiede come sia andata e tre messaggi in segreteria da parte della maestra che mi comunica che:

a. la febbre di Sofia scala il termometro come un velocista alla tappa finale del Giro d'Italia;

b. Sofia piange;

c. constata (con una certa amarezza, che non dichiara ma lascia generosamente filtrare) che ancora nessuno è passato a ritirare la marmocchia.

Chiamo Delly e le faccio uno schema dei mezzi di trasporto che deve prendere per raggiungere la scuola.

Lei, saccente come solo uno studente universitario può essere, mi avvisa di essere già in tram, perché io non rispondevo e le piangeva l'anima all'idea della «povera bambina abbandonata».

Ora, mi piacerebbe aprire una parentesi lunga e persuasiva sul fatto che le madri hanno non solo il diritto, ma anche il dovere di lavorare senza sentirsi in colpa e una femmina dovrebbe aver presente questa cosa anche se di figli non ne ha ancora perché, se avvalora questo sistema di cose e questa maniera di pensare, un giorno verrà travolta dalla valanga che lei stessa ha alimentato. Purtroppo, mi tocca essere sintetica e veloce, così la ringrazio. E mentalmente annoto che presto o tardi troverò un modo di rifilarle il discorsetto che dentro di me sta prendendo forma.

Valuto se chiamare o no la maestra, ma accantono l'ipotesi. Anzi, siccome sono un briciolo codarda, spengo il cellulare. Delly dovrebbe essere a destinazione entro un quarto d'ora al più tardi e allora richiamerò per parlare con Sofia e, se sarà necessario, affrontare la maestra.

Sto giusto per premere il pulsantino rosso che mi sgancerà dalla rete delle telecomunicazioni, quando vedo il nome DELLY TATA lampeggiare sul display.

«Ho sbagliato! Sono sul 37 anziché sul 38. Sto andando in direzione opposta!»

Cerco di dire qualcosa, ma non riesco ad aprirmi un varco nel suo fiume di parole. «Ho anche pensato che se ha la febbre alta viaggiare con i mezzi non sarebbe la soluzione migliore.»

«Come fai a sapere che ha la febbre?» mi stupisco.

«Mi ha chiamato la maestra!» e già questo è un rimprovero che mi arriva dritto e di cui accuso il colpo.

«Come ha avuto il tuo numero?» chiedo.

«Era scritto sul fascicolo di Sofia» spiega Delly. «Ricordi che a settembre mi hai chiesto se lo potevi aggiungere agli altri recapiti?»

Sospiro, chiudo gli occhi, lancio mentalmente i dadi e assicuro: «Passo a prenderla io».

Il sollievo di Delly è tale che il suo sospiro agita le foglie dei platani nel viale accanto. «Bene, così oggi posso andare a lezione!» ed è improvvisamente allegra. Credo abbia un fidanzato segreto all'università.

Stringo i denti e corro a prendere la borsa.

Ore 12.25

Quando arrivo a scuola, i bambini del plesso dell'infanzia stanno andando alla mensa e la maestra non mi può intercettare. Ho trovato l'ardire di comunicare dall'auto che sarei arrivata in pochi minuti e Sofia ha già addosso la sua felpina (quella per cui abbiamo litigato anche stamattina e che, finalmente, si è rivelata utile!) e mi aspetta a fianco della bidella.

La bidella non è in linea con il trend chic-mondano della scuola: ha il fisico della massaia rurale che ama assaggiare e un paio di folti baffi che suppongo lascerà crescere fino al momento dell'agognata pensione. Allora potrà smettere di usarli per incutere soggezione alla scolaresca (riuscendoci, per altro, benissimo).

Firmo il registro e ritiro la mia bambina, che ha gli occhi lucidi e le guance paonazze. Quando la vedo in quello stato, il cuore mi crolla alle caviglie, ma se iniziassi adesso a compatirla e a sentirmi in colpa innesterei un pericoloso circuito che le farebbe venire magari voglia di tornare a casa, mentre è l'ultima cosa che posso fare. L'allestimento della mostra non mi lascerà respiro.

Le sorrido e imposto la voce sulla modalità "andante con brio".

«Tesoro! Sono venuta a prenderti!» e apro un sorriso tutto denti.

Lei è accasciata nel suo seggiolino. «Ti ho aspettato tanto...» dice con la vocina flebile. Ricaccio indietro il senso di colpa che proprio non accenna a spegnersi.

Alzo il tono e decido di dipingere me stessa come l'eroina della giornata. «Delly voleva arrivare da te, ma oggi i tram fanno i capricci e sono usciti dalla rimessa con i numeri sbagliati e l'hanno confusa. Mi ha chiamato appena si è accorta della trappola e io sono corsa fuori dall'ufficio. Ho fatto la gimkana tra tutti quelli che cercavano di fermarmi.» Sofia mi sta ascoltando, un po' catatonica, ma senza lamentarsi. Continuo a raccontare. «Sono corsa al parcheggio saltando sulle capote della altre auto. Sono partita sgommando e ho bruciato tre semafori rossi e superato tutta una coda usando la corsia per i mezzi d'emergenza. Ho quasi investito un vigile urbano e poi ho sfidato un automobilista che voleva prendersi il mio posto davanti al portone della scuola.» Guardo la pupetta dallo specchietto retrovisore. «Farei di tutto per la mia bimba!»

Sofia ha agguantato un orsacchiotto rimasto sul sedile posteriore e lo stringe mentre ricambia il mio sguardo: «A me sei sembrata una lumaca».

Accendo il cd dello Zecchino d'Oro e il resto del viaggio lo facciamo in silenzio.

Ore 14.20

Sofia e io ci siamo fatte uno di quei discorsi tra donne che equivalgono ai discorsi tra uomini ma non tirano quasi mai in ballo il calcio.

Le ho fatto mangiare un po' di frutta e verdura fatte portare dal posto qui all'angolo dove qualche volta pranzo. Poter aprire le vaschette di stagnola e usare le posate di carta biodegradabile l'ha un po' ravvivata. Le ho tenuto compagnia con un tramezzino che sbocconcello a metà. Ho fatto in modo che le altre donne dell'ufficio se ne andassero pure tranquille per la loro pausa pranzo declinando le loro offerte a tenerci compagnia (gli uomini, e Mirella, non hanno nemmeno fatto cenno alla possibilità di fermarsi). Volevo questo momento per noi due, perché so che tenerla qui con la febbre sarà una prova dura per lei e anche per il mio senso di madre. Se la supereremo bene, ne saremo molto orgogliose entrambe. Altrimenti... be', altrimenti so che me lo rinfaccerà finché campo e così pure farò io con me stessa.

Le sto facendo bere un tè caldo per ingollare la tachipirina presa al volo quando inizio il Discorso (maiuscolo, perché c'ho pensato a lungo). Siamo tutte e due sedute dallo stesso lato della scrivania, quello di fronte alla mia poltroncina.

La prendo lunga, per arrivare morbida sull'obiettivo.

«Senti, Sofia, ti ho mai raccontato che ci sono uomini in Oriente che dormono sui chiodi?»

«Che cos'è l'Oriente?» mi domanda mentre gioca con la calla di plastica, facendola svolazzare per aria e colpendomi un paio di volte sul naso.

«Un posto lontano e bellissimo. E questi uomini, che si chiamano fachiri, riescono a dormire sui chiodi perché dicono che se ignori il male, se fai finta che non esista, se non lo ascolti, non lo senti.»

Sofia perde interesse per il fiore e passa a rovistare nel portapenne, dove vanto una discreta collezione di penne colorate e dalle fogge stravaganti, rubate qua e là o ricevute in omaggio nei negozi tipo la farmacia o il ferramenta (sì, faccio spesso acquisti anche lì, ma sono tutti regali per Claudio).

«Chissà quanti cerotti!» esclama scegliendo una biro dorata (e quale altra poteva prendere?!).

Esulto: «Brava, Sofia! Lo sapevo che sei sempre attenta! Loro i cerotti non li usano perché non si fanno male. E non si fanno male perché siccome loro non vogliono farsi male, i chiodi su cui dormono non li pungono!».

«Mamma, chi te l'ha regalato questo?» e prende un evidenziatore a forma di colonna dorica che ho rubato al piano di sopra.

Glielo tolgo dalle mani perché perde inchiostro e non vorrei si intossicasse. Le propongo una penna incastonata di frammenti di vetro rosati, tipo mosaico, che ho comprato da un ambulante. Mentre cerco dei post-it colorati da offrirle per disegnare, la esorto. «Oggi, Sofia, tu devi essere brava come un fachiro!»

«Chi sono i fachiri, mamma?»

Non so se è normale alla sua età dimenticare una nuova parola tanto in fretta o se sia effetto della febbre. «I signori che dormono sui chiodi di cui ti sto parlando.» Per sicurezza, ribadisco anche il resto. «Loro non si fanno male perché non vogliono. E tu non devi stare male, perché tu non vuoi stare male, vero?»

«Vero» annuisce e attacca a fare microscopici segni di inchiostro nero.

Le appoggio una mano sulla spalla e la incoraggio: «Allora forza, ripeti con me: "Io non sto male e non mi ammalerò sul serio!"».

Stiamo ripetendo «Io non sto male e non mi ammalerò sul serio» per la seconda volta quando alle mie spalle Giulia dice: «Secondo me ci sono gli estremi per una denuncia per circonvenzione di minore... Non puoi chiamare Delly?».

Mi giro di scatto, come un ladro colto sul fatto. «Giulia! Non ti preoccupare, che sta andando tutto bene» e sorrido a Sofia, che invece sbadiglia. Poi mi volto verso la mia amica e sibilo: «Delly è a lezione fino alle 17, poi andrà a prendere Arturo che rientra dalla gita! E non posso andarmene perché oggi c'è l'allestimento!».

Lei si avvicina per tastare la fronte di Sofia, poi fa la faccia di circostanza. «Vedo di andare via prima. Così la porto a casa e ti aspettiamo là!»

Colpo sotto la cintura. Da mamma a mamma, non vale.

Ore 15.25

Lo chiamiamo Il Padiglione, in realtà è solo la sala più grande di cui disponiamo e nei giorni scorsi i visitatori sono stati intralciati dagli spostamenti continui nelle sale vicine, dove sono stati spostati i reperti e le teche che prima erano qui.

Mi addentro nel museo che conosco come le mie tasche con l'emozione di chi aspetta gli effetti della pioggia nel deserto: sicuro che il solito panorama stupefacente di dune, dopo il disagio, esploderà in una fioritura che durerà troppo poco, ma che si farà ricordare. È così che ho pensato quest'evento fin dall'inizio ed è questa l'immagine che ho ferma in mente quando apro la porta tagliafuoco che non è quasi mai chiusa. Ho abbandonato il completo rosa a vantaggio di una felpina e dei jeans che tengo qui per i lavori manuali. In tasca, i guanti di lattice, un piccolo kit da restauro e tutto quello che mi servirà per aiutare senza danneggiare il pezzo rarissimo che abbiamo la fortuna di ospitare.

Gli addetti al montaggio sono in tuta bianca e mascherine.

I lavori procedono molto celermente e i pezzi non ancora installati sono stati tolti dagli imballaggi che li hanno tenuti fermi grazie a imbottiture di gomma piuma e polistirolo. La sottilissima carta che ha protetto le terrecotte è sparsa un po' ovunque.

«Dottoressa, stavamo aspettando lei.»

Giacomo è un archeologo che conosco da tempo: l'unico esperto nelle cui mani metterei anche il mio stesso cuore se un giorno avesse bisogno di essere traslocato.

Ci diamo del lei solo in virtù dei suoi vent'anni più di me e il pronome di rispetto è, da parte mia, più un segno di devozione che di distacco. Lui, da parte sua, dà del lei a chiunque, forse anche a sua moglie. Ha le mani di un chirurgo e gli occhi allegri di uno che sugli scavi, all'aperto, ci passa la vita.

Niente a che vedere con i barbogi professori che ho incontrato nel corso delle mie specializzazioni: uno era quasi ottantenne quando ci guidò a una visita a Pompei. Ruzzolò nella prima fossa (nemmeno una fossa degna di nota: solo un avvallamento erboso) e chiudemmo il giro solo mezz'ora dopo averlo iniziato, tutti e cinque noi specializzandi seduti nell'atrio del pronto soccorso più vicino. Dopo, ne ridemmo a lungo. Anche per questo quando mi imbattei in uno capace di insegnare, giovane e scattante ne fui rapita. Se fossi una di quelle donne che si innamorano in proporzione diretta alla seduzione intellettuale, sono sicura che al posto di Claudio adesso ci sarebbe Giacomo.

In realtà, poi, non è nemmeno vero che aspettassero me, ma a tutt'e due fa piacere che si assista insieme alla rinascita e alla riunificazione di questi due sarcofagi.

Ho lasciato Sofia addormentata sul divanetto nell'ufficio di Giulia e mi chiameranno appena si sveglia. Mi auguro dorma, e lo dico senza rimorsi. Ho una gran voglia di stare un po' insieme a queste opere d'arte che sfidano la storia e l'usura da un po' più di due millenni. È una parte importante della mia vita e lo sarà anche quando Sofia e Arturo saranno cresciuti e avranno preso la loro strada. Mi nutro di questo e se me ne sazio nutrirò meglio anche loro. Credo che ogni genitore viva bene la propria vita per essere anche un genitore migliore e così inserire soggetti migliori in una società che ha un bisogno sempre più disperato di persone perbene, amanti del bello in ogni sua declinazione. No, non potrei sentirmi in colpa: ho un dovere morale e umano nei confronti dei miei figli, oltre a quello di accudirli e mantenerli.

Adoro nascondere i miei piccoli e – credo – leciti egoismi dietro a questo genere di riflessioni!

Ore 18.20

L'allestimento procede a lunghi passi e, prima di uscire, non resisto alla tentazione di portare Sofia a esplorare in anteprima quello che i visitatori potranno vedere solo tra quarantott'ore.

Se ne sono già andati tutti e, quando apro la porta, la stanza è buia.

Prendo in braccio Sofia, ritemprata dal paracetamolo, e lei subito appoggia la testa nell'incavo della mia spalla. Accendo le luci e i neon sfarfallano per un attimo prima di inondare i due sarcofagi. Quello di Thanunia è già completo. Il gesto con cui solleva il velo è vivido, il suo sguardo fisso negli occhi del visitatore sembra l'affacciarsi all'eternità.

Sofia drizza un po' la testa per vedere. Le accarezzo i capelli: «Guarda. Ti piace?».

Muove la testa per dirmi di sì e si mette il dito in bocca, come quando la sera riesco a raccontarle una storia e ascolta. Che per lei entrare qui o ascoltare una storia siano la stessa cosa mi fa di nuovo sentire il cuore come un popcorn.

«Chi è?» mi chiede Sofia, scostando il dito dalla bocca solo per un secondo. Seguo il suo sguardo e anche lei sta guardando la solennità della donna in terracotta non ancora esposta, che ammira se stessa o forse la propria anima, come fanno tutte le donne (e anche gli uomini) che studiano la propria immagine.

«Una signora che visse in Italia più di duemila anni fa» le racconto. «È arrivata fin qui da molto lontano e da molto lontano arriveranno tante persone per vederla.»

«Ma è morta?»

Forse è il caso che cominci sul serio ad affrontare con mia figlia questo argomento, che inizia a starle troppo a cuore da qualche giorno. «Vedi, tesoro, tutti gli uomini che sono sulla terra muoiono, ma se hanno fatto qualcosa di vero, non passano mai, restano sempre con noi. Pensa: doveva essere una donna importante per avere una tomba così bella. Quando la guardiamo, noi ci ricordiamo di lei e la facciamo rivivere un pochino. Facciamo rivivere anche l'artista che ha creato questa scultura con le proprie mani, partendo da un po' di terra.»

«Li aveva dei bambini?» mi chiede Sofia, sempre appoggiata al mio collo e con la fronte calda, ma con lo sguardo attento.

«Non lo so, ma se li ha avuti sono certa che fossero molto fieri della loro mamma e la portavano sempre nel loro cuore, così non erano mai soli e lei era sempre con loro.»

«Hai fatto così anche tu con la nonna?»

Ho sempre parlato ai miei figli di mia madre e della loro bisnonna. Ho rammentato con loro gli episodi più intensi che giacevano nella mia memoria, rispolverandoli con la stessa cura che da studentessa riservavo ai reperti rinvenuti negli scavi, a volte lucidandoli e colorandoli di tinte più accese per rinnovarli in me e imprimerli in loro. Sono abituata a parlare al passato della mia famiglia, ma in questo momento la domanda di Sofia mi commuove. «Amore mio, la porto sempre con me e ti ho raccontato tutto quello che mi ricordo, e lo farò ancora. Ma la cosa più bella è che tu esisti perché ci sono state la nonna e la bisnonna, loro vivono con me e con te, per sempre.»

Sofia ha drizzato la testa e sta osservando anche l'altra postazione, in allestimento.

«Anche con nonna Nora è così?»

«Sicuro, lo stesso vale per la nonna Nora» le garantisco.

«E zia Camilla?»

Deglutisco, rimando indietro una risposta sarcastica e le assicuro: «Sarà difficilissimo dimenticare zia Camilla».

Silenziose, ci aggiriamo per la sala. Sofia è appoggiata a me e io sono satura di questa avventura.

Ore 20.05

Rientrando a casa ho trovato Giulia in cucina a scolare la pasta per noi e Lorenzo.

«Dove sei stata?!» mi domanda. «Mi stavo preoccupando! Ti chiamavo, ma trovavo la segreteria!»

«Ho fatto un po' tardi con Sofia» e accenno alla bambina che ho tolto dal seggiolino dell'auto già addormentata. Poi penso al cellulare: «Si sarà scaricata la batteria».

«Ha ancora la febbre?» chiede Giulia, riferendosi a Sofia e cercando il formaggio grattugiato in frigo, andando a colpo sicuro come se avesse sempre vissuto qui.

«Scotta un po', ma le ho dato dell'altro paracetamolo.»

«Non dovresti chiamare il pediatra?»

Tentenno. «Vediamo come sta domani mattina...» e poi: «Arturo dov'è?».

Giulia accenna alla cameretta: «Quando sono arrivata, Delly ha detto che si è addormentato appena entrato in casa. Poi se ne è andata. Mai che saluti decentemente quella ragazza!»

Porto Sofia nel suo lettino e la adagio sotto le coperte, senza cambiarla. Appena si sveglierà le metterò il pigiama.

Anche Arturo si è addormentato vestito, con il faccino arroventato dal sole. Lo studio. Ha un'espressione serena e una piega della bocca uguale a quella di suo padre. Li bacio sulla fronte tutti e due e mi allontano tirandomi piano la porta alle spalle.

Giulia sta apparecchiando, ma solo per due.

«Chi non mangia?» le chiedo indicando i due coperti.

«Io!» risponde sicura e con un brio nuovo.

«Non hai fame?»

«No, devo uscire.» Guarda l'orologio al polso e si affretta. «Anzi, sono parecchio in ritardo!»

Sono esterrefatta. «Mi lasci Lorenzo?!»

Ha già in mano la borsa e le chiavi dell'auto. Adesso che la guardo meglio, si è pure cambiata e ha rinfrescato il trucco. «Ha già dormito qui un sacco di volte, non darà problemi.» Apro la bocca ma lei non ci fa caso: «Puoi sempre lasciarlo addormentare davanti alla tv, non ho niente in contrario!».

La inseguo sulla porta, ma lei è già a metà del vialetto. «Posso sapere dove vai o sono indiscreta?»

Apre il cancello e la sua auto reagisce all'apriportiera a distanza: «Torno presto e ti racconto tutto!».

«Lola,» Lorenzo mi chiama dallo sgabello del tavolo a penisola «me la dai tu la pasta?»

Ecco quella che si dice una serata fuori dal previsto!

Sesto giorno

Venerdì 26 maggio

Chissà se è come sembra

Ore 4.50

Sono già sveglia e, nonostante la buona volontà, non mi riesce di riprendere sonno. Sono così vispa che non riesco a ricordare il mio ultimo sogno: un'anomalia grave, nel mio sistema.

Giro la testa e vedo la sagoma di Giulia che dorme accanto a me. Non l'ho nemmeno sentita tornare.

Di stare sdraiata non ne posso più. A piedi nudi, quatta come una lucertola, attraverso la camera e il corridoio per trovarmi in soggiorno senza sapere che fare. Il computer è nella stanza mezzo smontata in attesa dei suoceri e non ho più una postazione di lavoro. Soppeso il ventaglio di opportunità e decido di pulire i vetri del soggiorno: la vetrata scorrevole che si affaccia sul giardino reclama da tempo una passata.

Strofino il panno e guardo il fazzoletto di terra illuminato dal riflesso della stanza. Sono pochi metri quadrati che ci ripromettiamo di trasformare in orto sin da quando ci siamo trasferiti qui, anche se poi gli impegni di lavoro ci hanno costretto a rimandare di anno in anno. In sostanza, gli impegni di lavoro ci stanno impedendo di vivere la nostra casa e ho il dubbio che sia una condizione comune, ma non per questo sana. Pure quest'anno siamo in ritardo e ho paura che il nostro resterà per sempre un miraggio. Se poi Claudio si fosse messo in testa di fare lo scemo con la stagista, piantati nell'orto ci metterei i suoi attributi.

Il flusso dei pensieri mi guida a elencare le persone che conosco dell'ufficio di Claudio e quelle a cui potrei fare una telefonata da finta tonta per capire dove sia davvero mio marito e a far che. Me ne vengono in mente un paio, ma non riesco a immaginarmi a chiamare con una scusa in mente. Non che sia a corto di ingegno: potrei dire che mi ha pregato di mandargli dei materiali dal suo pc, ma non so da che cartella attingerli e potrei domandare se mi aiutano a capire il lavoro e chi ne è coinvolto. Potrei far chiamare da Bea (lei adora le finzioni telefoniche!) e chiederle di farsi passare per la cognata di Claudio, con il bisogno urgente di contattarlo in albergo. Insomma, di soluzioni ne troverei a bizzeffe, il problema è l'umiliazione che ne deriverebbe. Escogitare un sotterfugio per scoprire la verità su mio marito: mi schifa talmente tanto questa visione che finisco i vetri e passo a riordinare gli armadietti della cucina. Credo siano trascorsi mesi dall'ultima volta! Parto da quello basso, destinato allo scatolame. E lì mi viene in mente che potrei chiamare Stefano, il marito (o ex marito?) di Giulia, e metterlo sotto torchio. Scarto anche questa possibilità per due motivi: a. si conoscono troppo bene per tradirsi; b. la reazione di Claudio alla fuga di Stefano, se non è stata una recita da Actor's Studio, significa che i due non si parlano più come una volta.

Ore 5.45

Mi accorgo di non essere sola in cucina quando Giulia urta lo sportello aperto, dietro al quale sono nascosta.

«Hai avuto problemi ieri sera con Lorenzo?» mi chiede, con la voce ancora impastata di sonno.

Quando mi giro verso di lei ho in una mano una scatola di lenticchie precotte e nell'altra uno strofinaccio sporco (rivelatore del livello igienico di casa mia. Forse dovrei svegliarmi alle quattro almeno una volta a settimana). Lei ha il viso un po' gonfio e soprattutto non si è struccata rientrando, così adesso ha le occhiaie da panda su un musino da bradipo.

«Tutto a posto» le confermo. «Si può sapere dove sei stata?»

Mentre lei medita se rispondermi o no, mi siedo su uno sgabello e controllo la data di scadenza delle lattine che ho messo sulla penisola.

«Un disastro» annuncia dopo qualche esitazione.

«Tipo?»

Giulia si sporge in avanti per parlarmi, ma ci separa una barriera di cannellini. «Sono andata a un appuntamento con un amico di Bea, uno che ho conosciuto martedì.»

«Quale?» mi incuriosisco, passando mentalmente in rassegna la fauna maschile dell'altra sera.

Giulia sta sul vago. «Uno nuovo.»

«Quanto nuovo?» insisto.

«Quello con la barba e la pelata» spiega Giulia con uno scrollar di dita, come fosse un dettaglio.

«Con gli occhialetti tondi?» Temo di aver intuito!

«Sì.»

«Ma dai!» Detto tra noi, era uno degli esemplari di

minor interesse. Gli occhi per notare certe cose li ho ancora.

«Gli ho dato il numero, lui mi ha chiamato e io...» Giulia sta impilando dei chiodini trifolati. «Be' mi faceva piacere che qualcuno mi avesse invitato.»

«E come è andata?» domando mentre passo ai ceci e al mais.

«Un disastro» e Giulia impila i misti di carotine e pisellini primavera.

«Quanto disastro?» Poi mi accorgo che non si riferisce alle date di scadenza e lascio che prosegua.

«Eravamo a casa sua...» inizia, ma la interrompo.

«A casa sua?!» Mi repelle aver usato il tono di mia nonna. «La prima volta che vi vedevate? Poteva essere Jack lo Squartatore.»

Giulia si stringe nelle spalle e isola una confezione di olive nere. «Ma è un collega di Beatrice!»

«Anche Jack lo Squartatore aveva dei colleghi!» sottolineo.

«Non mi ha squartata, come puoi notare» e Giulia è palesemente irritata. «Se mi lasci finire...»

«Okay, racconta» concedo, avendo finito di controllare le provviste.

Giulia prende ancora tempo: «Non è che mi fai una tisana, intanto?».

«Melissa o menta?» chiedo da sopra il cestino dei filtri.

«Liquirizia, so che ce l'hai.»

«È l'ultima bustina!» mi lagno.

«Domani te la ricompro» sbuffa.

«Insomma, dicevi?» e metto a bollire l'acqua.

«Sono andata da lui, che aveva preso del sushi veramente buono. Anche il vino era buono. Ho mangiato e bevuto parecchio.»

Si interrompe guardando il lampione appena fuori dal nostro giardinetto anteriore, e la devo incoraggiare. «E poi?»

«E poi lui mi ha messo tristezza.» Sono alle spalle di Giulia e la vedo abbassare il capo per un istante. «Un uomo con la fiatella da pesce crudo tipo gatto, la pancetta molle e la pelata imperlata di sudore che non riusciva nemmeno a slacciarmi il reggiseno. Mi sono vista da fuori e ho avuto una pietà sconfinata di me stessa.» Si gira, ci guardiamo per un attimo e torna a voltarsi. «Me ne sono andata.»

Non voglio appesantire la conversazione con considerazioni ovvie e vado oltre. «Non ti ho sentito rientrare.»

«Quando sono tornata dormivi» e poi precisa: «Sono tornata solo due ore fa».

L'acqua è calda e la verso nella mug più bella che ho, la bustina galleggia un po' e poi inizia a colorare il liquido. «Dove sei stata, dopo?»

«Un disastro» e Giulia incassa ancora una volta la testa tra le spalle.

"Disastro" è una parola che ultimamente mi perseguita.

«Basta ripetere questa parola, spiegati!» le intimo.

Giulia continua a darmi le spalle e io resto con la tazza in mano. «Sono venuta via dalla casa di Vincenzo, quello del sushi, e mi sono messa a piangere nel parcheggio. Avevo anche parcheggiato in doppia fila e c'era la multa sul vetro dell'auto.»

«Tanto?» e non è un interessamento formale, di multe ne so fin troppo per non essere solidale!

«Troppo.»

«Capisco...» e torno seduta di fronte a lei, lasciandole davanti la tazzona fumante.

Dedichiamo un minuto di silenzio all'ufficio traffico del nostro Comune.

Giulia riattacca. «Ero disperata, ma così disperata...»

«Potevi chiamarmi, oppure venire qui» le dico, sporgendomi verso di lei, sopra la muraglia delle riserve alimentari.

«Ti ho chiamato, ma avevi il cellulare staccato!»

Mi ricordo che la cena con Lorenzo mi ha distratta... e non ho nemmeno chiamato Claudio! Non che lui si sia degnato di farlo. Il mio sistema gastrico ribolle.

«Tu non rispondevi,» riattacca Giulia «Bea era da qualche parte con un rumore pazzesco di sottofondo. Che cosa potevo fare?»

«Che hai fatto?» e sono sinceramente curiosa.

«Ho chiamato Stefano!» sbotta.

«Ti ha risposto?»

«Sì. Vista l'ora, credeva fosse successo qualcosa a Lorenzo.»

Mi accorgo che ho incrociato le braccia e sto agitando il piede della gamba accavallata, in una dichiarata posizione di difesa. «Che vi siete detti?»

Giulia annusa la tisana. «Mi dai un po' di zucchero?»

Brusca per l'impazienza, le allungo la zuccheriera e lei spia sotto il coperchio di ceramica bianca sbeccata. «Non hai quello di canna?»

«No.» Non vuole proprio parlarne.

«Miele?»

«Quello sì» e tolgo il barattolo di vetro dal ripiano sopra il fornello.

«Grazie.»

«Prego» e con il sospiro la istigo ad andare avanti.

«Ci siamo visti» e mescola con violenza l'ultima tazza

della mia tisana preferita, che si compra solo in un negozio all'altro capo della città. «Sono andata sotto casa di sua madre e lui è sceso. Era ridicolo! Con un'orribile vestaglia scozzese rossa che doveva essere di suo nonno!»

(Avrei voglia anch'io di una tisana, ma non abbastanza da rialzarmi dallo sgabello.) «E che cosa è successo?»

«Gli ho detto che poteva almeno cambiarsi per scendere, senza rendersi patetico e farmi vergognare d'aver sposato uno che indossa roba di quel genere.»

La ascolto con la guancia appoggiata a una mano. «Non è stato un grande incontro, eh?»

«Per nulla, abbiamo litigato su tutto. Ho scoperto che cova nei miei confronti rancori così antichi che ne ha quasi dimenticato le origini...»

Non sono sicura di poter reggere, adesso, un resoconto dettagliato. Anche perché se guardo alle spalle di Giulia vedo il calendario della banca, che ha tre mesi per pagina. Di solito segno il mio ciclo mestruale con un cerchio di pennarello rosso sulla data. E non ci sono segni rossi né sul mese di maggio né su quello di aprile. Potrei essermi dimenticata di segnarlo, non sarebbe così strano visto che certi giorni mi dimentico anche come mi chiamo. Ma devo assolutamente controllare sulla mia agenda in ufficio. Mi sento improvvisamente sveglia come se avessi iniettato in vena un espresso triplo. E il mio stomaco è anche più pimpante di me.

Scatto in piedi e inizio a riporre le scatolette da dove le avevo prese.

«Come è finita?»

«Credi anche tu che sia finita, vero?» mi chiede Giulia di rimando.

«Non lo so, aspettiamo a trarre conclusioni.» Di solito non mento con nessuno, tanto meno con le amiche, ma ci sono momenti in cui la verità va detta e altri in cui si prende tempo per poterla digerire piano piano. E, a ogni modo, è vero che non è detto che la loro storia sia chiusa, come è vero che non sarà mai chiusa del tutto, almeno fino a che Lorenzo è così piccolo e loro dovranno trovare una mediazione per gestirlo anche dopo l'eventuale separazione. «Vorrei piuttosto sapere come si è conclusa ieri sera.»

«Abbiamo parlato fino allo sfinimento e urlato fino a che sua madre è scesa a riprenderselo perché i vicini avevano iniziato a lamentarsi del baccano.» Giulia sospira. «Vecchia baldracca.»

«Ti andrebbe anche un caffè?» suggerisco. «Tanto ormai non è il caso di riprovare a dormire.»

«Sì, armiamoci di caffeina. Devo anche portare via la roba mia e di Lorenzo da qui, visto che oggi torna Claudio.» Sta silenziosa per un attimo. «Oggi sarà una giornata lunga.»

E non immaginiamo ancora quanto.

Ore 8.43

La giornata marca per essere una tappa in salita e il gruppo lo apro io.

Sofia, al risveglio, aveva non solo la febbre già abbastanza alta (38,3 per la precisione) ma pure la faccia cosparsa di pallini rossi.

Giulia si è fatta carico di recapitare a scuola oltre a Lorenzo un Arturo pieno di cose del giorno prima da raccontare. Io, intanto, ho lottato per rintracciare Delly e sua madre e organizzare la loro spedizione dal pediatra. Lo farei io, ma proprio non riesco. Oggi è una di quelle giornate in cui dovrei essere tripartita: incontro alle 10 con colui che potrebbe diventare il main sponsor del museo per il prossimo anno e poi incontro per la festa di Arturo (ho già valutato di non organizzare la festa e improvvisarla in casa, ma temo ritorsioni filiali e ho escluso l'opzione).

Delly non ha risposto e sua madre ha trattenuto a fatica una certa irritazione. Quando la baby sitter si è presentata sulla porta di casa per accudire Sofia e sentirsi ripetere tre volte tutte le mie raccomandazioni, era ancora in pigiama.

L'ho guardata strano e lei ha garantito: «Mamma mi porta i vestiti quando passa a prenderci per andare dal pediatra».

Rintracciare il medico è stato un altro paio di maniche: per quanto distribuisca con larghezza biglietti da visita che riportano un numero per le emergenze, mai una volta che abbia risposto.

Solo alla terza telefonata con relativo messaggio in crescendo (supplice, patetico, minatorio) ha avuto il buon cuore di richiamare e di fissare un appuntamento per le 9.30.

Quando ho salutato Sofia lei mi ha abbracciato un po' impacciata per lo stordimento da febbre e io ho cercato di ricordare se da piccola avessi fatto tutte le malattie esantematiche o fossi ancora a rischio di contagio su qualcuna. Poi ho represso l'istinto snaturato e da qualche parte dentro di me ho recuperato una madre preoccupata che l'ha sbaciucchiata e coccolata per alcuni minuti. La gratificazione è stata intensa e reciproca.

Dunque, ero già satura di adrenalina quando ho visto il numero di Claudio lampeggiare sul cellulare. Riaccendendo il telefono all'alba mi ero accorta delle sue due chiamate, ma non avevo avuto il tempo materiale per farmi sentire a un'ora decente.

Rispondo scusandomi: «Mi dispiace, ma il cellulare era scarico e Sofia adesso ha la febbre».

Anche lui va dritto al sodo: «Non rientro stamattina, abbiamo un contrattempo. Prendo un aereo tardi».

Non mi ha chiesto di Sofia!

«Tardi quanto?»

Sempre con il tono frettoloso, specifica: «Stanotte».

Mi arrabbio: «Vedi tu. Sofia, l'ho già detto, ha la febbre. Domani inauguriamo la mostra.» Poi, punta dalla spina della gelosia, infierisco senza ragionare: «Hai avuto problemi con la stagista?».

Lui mi ignora e sintetizza: «Ti faccio sapere a che ora torno».

È per questo che adesso il mio cellulare è diviso in tre parti (tastiera, batteria, dorso) sotto il sedile del passeggero. Lì l'ho scaraventato e lì è restato.

Ore 9.21

Le foto dei due sarcofagi sono qui davanti a me. Vicine. Davanti ho lo schizzo fatto da Andreina, la nostra progettista, per l'esposizione. Il progetto è ormai già in avanzato stato di realizzazione e le variazioni che si sono rese necessarie – dettagli dell'ultimo momento – sono annotate in pennarello rosso sulla fotocopia di servizio. I due monumenti etruschi in terracotta saranno speculari e le teche con i corredi funebri saranno dietro, in piccoli espositori blindati disposti a semicerchio: l'arco di una vita a far da corona alla celebrazione della morte e della vita eterna cui queste due sorelle sono state destinate, se non dalla sopravvivenza della loro anima, almeno dal destino d'arte che le ha unite.

Solo quattro settimane fa Claudio e io ci siamo presi la prima vacanza da soli dalla nascita di Sofia proprio per andare da Londra a Firenze (con una tappa non necessaria a Parigi, ma – dico – era lungo la strada!) in modo che potessi concordare personalmente gli ultimi dettagli.

È stato bellissimo: i bambini al sicuro con i nonni, io a spasso per la professione che ho fortemente voluto fin da piccola (quando come regalo di compleanno chiedevo di passare la giornata per musei) e con l'uomo che ho scelto. Quel viaggio è stato fisico e metaforico: un ritrovarci tra noi e un avvicinarmi definitivo alla meta da cui non ho mai distolto gli occhi nemmeno quando, studentessa liceale, partecipavo come volontaria agli scavi archeologici e tutti mi dicevano: «Non c'è futuro in questa professione». All'epoca il mio unico contributo era spalare terra e portare secchi di pietrisco fuori dai piedi di chi stava lavorando. Ecco, se nemmeno la schiena a pezzi, le vesciche sulle mani e i catastrofismi mi hanno distratta è perché sapevo che niente mi avrebbe fatto desistere dal perseguire il mio obiettivo: lavorare in un museo, fosse pure come custode notturno!

Insomma, il viaggio di qualche settimana fa me lo sono goduta come un premio e Claudio lo sapeva benissimo, così non ha avuto dubbi a intaccare il suo piccolo patrimonio di ferie per seguirmi. Non so se il Claudio di oggi farebbe la stessa scelta del Claudio di un mese fa, ma su questo argomento tornerò con lui al più presto.

Sul volo di andata per Londra gli ho spiegato come, per me, riunire i due sarcofagi fosse il modo per ricomporre una famiglia spezzata. Spezzata come lo è stata la mia, devastata dal lutto per la morte prematura di mia madre e per la scelta di mio padre di lasciarmi alla nonna per rifarsi una vita a Santiago del Cile, dove ho una sorella che non ho mai conosciuto (perché quella che tecnicamente sarebbe la mia matrigna mi ha sempre visto come uno scarafaggio in dispensa). Per fortuna è da almeno quindici anni che non ci piango più sopra quando lo racconto: un risultato ottenuto con generoso contributo al fatturato di una psicologa (grazie alle mie visite deve aver mantenuto la discendenza in un collegio svizzero di prim'ordine). Pazienza, sono stati soldi spesi bene: il denaro è solo uno strumento e, se diventa un fine, è finita la festa.

Claudio non è esattamente un estimatore dell'arte antica (e nemmeno dell'arte moderna, se è per questo). Ricordo che in una delle nostre prime gitarelle insieme lo portai a Borgo San Sepolcro a vedere un museo, tappa conclusiva dopo un itinerario alla scoperta di Piero della Francesca. Davanti a una Crocifissione che mi sembrava commovente gli chiesi, appoggiandomi al suo braccio: «Non è bellissima?».

Lui mi rispose onesto: «Ho solo pensieri blasfemi legati al mal di piedi. Magari dopo, in albergo, ci ripenso... e sono sicuro che sarò d'accordo con te».

Forse i nostri universi lavorativi non sono fatti per intrecciarsi. Quando toccò a me accompagnarlo a una gara di Moto GP, sopra il rombare dei motori lui mi chiese qualcosa del tipo: «Ti diverti?».

Fui io a rispondergli onestamente, quella volta: «Con dei tappi per le orecchie e un libro da leggere, sarebbe meglio!».

A volte penso che se condividessimo gli stessi interessi ci ammazzeremmo di noia parlando in continuazione delle stesse cose. In questa maniera, invece, indaghiamo ogni giorno il terreno oscuro e infinito che separa le nostre due quotidianità, continuando a cercarci e riallacciandoci attorno a un'intesa che va oltre i gusti, i desideri e le ambizioni e che dà senso a questi e a quelli, fondandoli e chetandoli allo stesso tempo. Se poi Barcellona ha infranto questo sogno... vedrò che fare.

È stato a Parigi, nel bed and breakfast a due passi dal centro Pompidou che mi è venuta la grande idea delle ceneri. Mi stavo rotolando nel letto, assaporando sulla pelle la carezza delle lenzuola leggere e il calore stuzzicante del corpo di Claudio accanto a me. Pensavo a quanto è bello ritrovarsi da soli a fare l'amore senza paura di fare rumore e senza l'orecchio teso per sentire il tonfo di passetti di bambini che si avvicinano alla porta. Il lusso di fare l'amore dopo le sette del mattino e dopo la colazione è un privilegio da genitori con figli affetti da narcolessia (cosa di cui né Sofia né Arturo soffrono: uno dei due è sempre sveglio al canto del gallo). L'extra-lusso della pennica post-colazione mi stava compiacendo quando nel dormiveglia mi è apparso il sarcofago di Thanunia e con quello il filo dei pensieri si è snodato dal sonno al sonno eterno (forse ho qualche influenza sulle ossessioni di Sofia). Mi sono girata su un fianco e ho scosso Claudio: «Ehi».

«No, non ce la faccio adesso...» ha detto con la voce impastata.

Ho ignorato l'affermazione. «Pensavo che quando morirò vorrò essere cremata e vorrei mescolare le mie ceneri con le tue.»

«Intendi dire che morirò prima di te?» Il pensiero lo ha svegliato completamente, e si è voltato verso di me.

«Lo dicono le statistiche che i maschi muoiono prima.»

«Mi piacciono i tuoi pensieri positivi. Grazie» ha risposto, tirandosi il lenzuolo sopra le spalle.

«È un dettaglio, non distrarti» ho ribadito. «Poi vorrei che le nostre ceneri fossero mescolate a un pugno di sabbia e a una manciata di terra di montagna, così saremmo nel mondo.»

«Mm.»

Ma non avevo finito: «Poi questa roba dovrebbe essere divisa i due parti uguali e messa in due clessidre: una per Arturo e una per Sofia.».

«Certo» ha detto Claudio, sarcastico. «Così possono metterci sulla mensola del caminetto e dire ai figli "Dai, fate fare un giro ai nonni" e quelli, con le manine sporche di marmellata, ci fanno roteare a caso.»

«Sarebbe bellissimo: cambieremmo sempre prospettiva sulle cose.»

«Forse dormire troppo non ti fa bene. Comunque direi che abbiamo tempo per pensare a queste cose.»

Mi stava prendendo una tristezza languida: «Non vorrei mai che fossimo divisi».

«Credo che dovremmo ragionare di meno su ciò che sarà dei nostri corpi e sfruttare meglio il fatto di essere vivi» mi ha risposto baciandomi. Ma un bacio bello e profondo.

«Non avevi detto che non era il caso?»

«La prospettiva di stare chiuso in un barattolo di vetro, magari i miei arti anteriori con i tuoi piedi, mi ha rinvigorito abbastanza...»

Ecco, sì, quella nostra trasferta è stata molto interessante e parecchio attiva, da vari punti di vista.

Firmo un paio di note a margine dell'allestimento e

vado a dare un'ultima lettura ai pannelli didascalici che stanno per essere plastificati.

Ore 11.55

Il signor Diletti è il proprietario di un'impresa di pompe funebri. Mi ha contattata un mese fa chiedendomi se potevamo collaborare. Non mi stava chiedendo di contribuire al trapasso dei suoi nemici: la sua idea era di gran lunga migliore.

La prima volta che l'ho incontrato mi ha folgorata. Mi aspettavo, dalla voce pacata e la flemma da gentiluomo, un signore anziano. Al contrario, è un uomo che ha poco più dei miei anni e un viso da professore di Oxford. Maneggia bare in mogano e arredi funerari in raso grigio perché ha ereditato l'attività di uno zio, ma ha studiato lettere classiche e da piccolo – proprio come me – sognava di scoprire piramidi ancora nascoste tra le dune del deserto. È incredibile quanto l'archeologo sia stato, per una certa generazione, un mestiere mitico.

Eravamo davanti a un paio di cappuccini cremosi presi al mio bar di fiducia (quello accanto al parcheggio, per intenderci) quando ha detto qualcosa che suonava come: «A forza di commerciare con la morte, mi convinco sempre di più che dovremmo rafforzare la memoria delle nostre grandezze andate. Sono l'unico scampolo d'immortalità che nessuno può mettere in discussione».

Non credevo alle mie orecchie, ma quell'uomo voleva sostenerci economicamente attraverso una sponsorizzazione. Finiti i cappuccini gli strinsi vigorosamente la mano garantendogli che gli avrei fatto una proposta che gli sarebbe piaciuta molto.

Nello stesso periodo stavo coltivando l'idea di riunire le due tombe etrusche.

La difficoltà più ovvia era quella dell'immagine del museo. Solo estimatori di un raffinato umorismo macabro avrebbero potuto apprezzare che la messa in mostra di due tombe avesse come sponsor la "Diletti Funeral Home, tutto per il tuo trapasso".

Il Soprintendente, davanti alla somma disponibile, ha detto che a lui andava bene tutto, ma Mirella e io eravamo consapevoli che serviva un lavoro più di fino. In capo a quindici giorni di consultazioni furiose, stabilimmo che avremmo usato i fondi di cassa per allestire la mostra, ma avremmo proposto a Giordano Diletti di finanziare i costi (dalla climatizzazione in avanti) dei primi sei mesi dell'anno successivo, quelli in cui avremmo potuto trovarci in sofferenza per gli esborsi legati alle sorelle Seianti. Non avremmo nemmeno messo le paroline Funeral Home ma solo il suo nome e cognome sul manifesto all'ingresso e lì avremmo rimandato a un suo sito personale, costruito a nostre spese, che avrebbe rimandato all'agenzia di pompe funebri.

Giordano Diletti firmò dieci giorni più tardi e ci brindammo sopra.

Oggi abbiamo preso insieme una granita al chiostro dei giardinetti. Gli ho passato un pacchetto di ingressi omaggio per la mostra di sabato e lui mi ha riservato un'altra sorpresa. Si propone di fare una campagna di promozione del nostro ente presso le scuole primarie cittadine.

«Vede,» mi ha detto tenendo a mezz'aria una cucchiaiata di granita all'amarena «non ho figli e non sono portato ad averne. Non ho nessuno cui lasciare i miei soldi. Non riesco a immaginare di donarli a una chiesa o a un ospedale. Voglio vederli fruttare fintanto che sono in vita. Lei che ne pensa?»

Ne ho pensato così bene che per l'emozione mi sono tirata addosso una sciacquata di menta fredda.

Mi ha aiutata con il suo fazzoletto di tela bianca, leggera, con le iniziali ricamate in un angolo.

Mentre mi sfiorava il bavero della camicia con una delicatezza quasi paterna mi sarei messa a piangere per la commozione. Ho avuto anche il dubbio che potesse sembrare qualcosa di più di un gesto di cortesia e l'idea mi ha fatto sentire leggera e notevolmente appagata.

Sarà per questo che sono rientrata in ufficio come un palloncino gonfiato a elio.

Ore 12.02

Chiamo per la quinta volta Delly.

Risponde all'ottavo squillo, con un fiume di parole: «Scusa, non ti ho risposto prima ma avevo dimenticato il cellulare in auto e il pediatra era in ritardo, e ci ha anche fatto aspettare un sacco!».

Mi faccio largo nel suo sproloquio: «E Sofia?».

«Sembrava varicella...»

«Varicella?!»

«Aspetta, ha detto che è la mani-bocca-piedi, ancora un paio di giorni e starà bene.»

«Me la passi?» chiedo ansiosa.

«Sta dormendo!» dice imperiosa.

«La tieni tu, oggi?»

«Sta con la mamma, ti chiama lei dopo.»

E riaggancia.

Simultaneamente arriva un sms di Claudio.

VOLO AEREO ORE 20.40 SCUSA DISAGIO.

Disagio?? Neanche fossi sua cognata? (O – peggio – mia cognata.)

Ore 12.57

Tra tre minuti dovrei essere a pranzo con Teresa la Sorpresa. Con un nome così potrebbe essere una escort, invece è una ragazzina che anima feste di compleanno e altri ritrovi tra infanti. Con lei dovrei concordare come gestire il pomeriggio dedicato ad Arturo, ma è appena successa una cosa che mi ha lasciata di stucco. Non dovrei dirla a nessuno. Dovrebbe restare un segreto.

Peccato che i segreti non siano il mio forte. Non ne ho mai saputo tenere uno in vita mia!

Okay, vado da Giulia.

Prima mando un sms a Teresa la Sorpresa per avvertirla che sarò in ritardo.

Trovo anche un messaggio di Giordano Diletti.

STARE CON LEI È SEMPRE UN PIACERE. A PRESTO.

Gli rispondo.

A PRESTO.

Poi cancello e riscrivo. Va bene la fretta ma lo sponsor è lo sponsor.

ANCHE PER ME È SEMPRE UN PIACERE VEDERLA E NON SOLO PER LE SUE SPONSORIZZAZIONI. PERSONE COME LEI SONO RARE. A PRESTO.

Ore 13.08

«Giuralo!» Giulia è raggiante. Niente come un pettegolezzo rianima Giulia.

E – lo ammetto – anche me.

E – diciamolo – anche Mirella e Wanda.

Non era nelle mie intenzioni spifferare tutto a metà del personale, ma accidenti, le sollecitazioni emotive di questi giorni hanno un po' sfaldato i miei di solito solidissimi principi sulla privacy.

«E dov'erano esattamente?» chiede, per la terza volta, Mirella (che è parecchio vivacizzata dal gossip e per questo, all'improvviso, più umana).

Wanda è seduta davanti alla scrivania di Giulia, con delle tabelle scarabocchiate sulle quali dovrei chiedere delucidazioni, e ha l'espressione totalmente imbambolata. Ogni tanto, negli ultimi quattro minuti ha ripetuto: «Non ci posso credere!».

La questione è che volevo aggiornare il Soprintendente circa le buone nuove dalla Funeral Home. Non l'ho trovato a vagare per i corridoi e ho pensato che il suo ufficio vero fosse stato disinfestato. Poi ho incontrato la custode, che mi ha detto «Cerca il Soprintendente? L'ho visto salire all'archivio con la signora Guglielmini» e se ne è andata facendo tintinnare le chiavi che tiene sempre in tasca.

Sono salita per le scale e ho cercato la stanza della Guglielmini. Non ci vado spesso e tutte le porte erano chiuse. Non conosco nemmeno bene le usanze di questo piano, che frequento meno spesso di quanto dovrei, dunque ho iniziato a bussare e ad aprire tutti e tre gli usci di legno scuro.

Il primo era la stanza delle lettere e l'unica scrivania era sguarnita, con un monitor acceso, una luce girata verso il muro e un mazzolino di fiori vizzi in un vasetto dei sottaceti. C'è chi sta peggio di me!

Sono andata alla seconda porta e ho fatto lo stesso. Bussata veloce, apertura porta e un «Permesso?» ad alta voce.

Ed è qui che mi aspettava la sorpresa (altro che Teresa!).

Il Soprintendente era voltato di spalle e stava sistemandosi la camicia.

La signora Guglielmini si stava rassettando la gonna a quadrettini bianchi e blu, con il rossetto sbavato effetto clown e un bottone della blusa slacciato. L'aria che si respirava, elettrica e imbarazzata, ha spiegato il resto.

Sono stata combattuta. Potevo chiudere la porta e scusarmi, facendo capire che avevo capito tutto. Oppure entrare e parlare come se nulla fosse. In fondo, sono una donna di mondo. Così ho fatto due passi avanti, con studiata indifferenza, e ho detto al Soprintendente: «Stavo cercando giusto lei!».

Tutto liscio. Professionale, adulta, la maturità fatta donna. Peccato che, dopo queste sagge parole, m'è preso un attacco di ridarella. Una voglia stupida di sogghignare, come quando alle elementari dici la parola "pisello".

È risaputo che se si trattiene la voglia di ridere si ottiene il risultato di moltiplicarla esponenzialmente. Ho fatto una smorfia e ho detto: «Ho incontrato il signor Diletti...» e sulle parole "pompe funebri" mi è scappato un risolino.

La Guglielmini è avvampata.

Il Soprintendente aveva uno sguardo assassino.

«Perdonatemi, è che mi ha fatto una proposta irrinunciabile...»

Su questa frase ho rotto gli argini e ho proprio, spudoratamente, sghignazzato.

«Corrada, ti raggiungo dopo» ha detto il Soprintendente, teso, prendendomi sotto braccio. È stata la distanza ravvicinata che mi ha rivelato uno sbaffo di rossetto accanto al nodo storto della cravatta.

Ho finto di avere qualcosa in un occhio per abbassare la testa e cercare di farmi del male mordendomi il labbro. Avevo in mano una penna e appena ho rimesso gli occhi sul mio capo me ne sono cacciata la punta nel palmo della mano per smettere di ridere.

Scendendo le scale ho fatto un riassunto molto breve e, nei limiti del possibile, professionale del mio colloquio con granita.

Avrebbe dovuto essere felice quanto me, ma il Soprintendente è stato davvero contento solo quando gli ho detto che dovevo mandare un'e-mail e mi sono dileguata.

Mirella ha la stessa risatina isterica che è presa a me. «Altro che formiche, erano le farfalline a costringerlo qui.»

«Persino il capo ha un cuore!» ha detto Wanda a un certo punto.

«Non è del cuore che stiamo parlando» ha ridacchiato Giulia.

«E la Corrada!» ha enfatizzato Mirella con un tocco di insolita voluttà. «Persino la Corrada si alza la sottana!»

Abbiamo continuato così per tre minuti prima che dal corridoio arrivasse la voce irritata del Soprintendente: «Posso sapere a che punto sono le prenotazioni per le Seianti?».

Ore 18.12

Sto giocando a Ruzzle da diciannove minuti. Se smetto adesso perdo un minuto, se faccio un'altra partita, sforo di uno. Il dubbio mi attanaglia.

Ho comprato in parafarmacia il test di gravidanza e l'ho messo nella tasca interna della borsa, accanto all'assorbente di scorta. Pagando con il bancomat ho sentito l'aritmia cardiaca e il bruciore di stomaco. Sarei anche andata a fare subito il test, ma la toilette del centro commerciale non è il luogo adatto a scoperte intime. Procederò appena mi sentirò pronta.

Non ho voglia di tornare a casa, anche se ho voglia di chiacchierare con Arturo, per sapere come è andata la sua partita pre-finale, e di coccolare Sofia. E ringrazio compuntamente Delly e sua madre che si sono prodigate ad accudire i miei pargoli.

Quello che mi dissuade dal varcare la soglia di casa è la decisione che ho preso dentro di me.

La prima decisione scomoda che riguarda il mio rapporto con Claudio. Dipendesse dal mio istinto, andrei a prenderlo all'aeroporto e chiarirei la questione della stagista sui due piedi. So però che sarebbe la scelta più miope e umiliante per me.

Miope perché sarei rabbiosa e sospettosa.

Umiliante per me perché mi sembra di andare a rovistare nello sporco altrui e desidererei che fosse Claudio a spiegarmi tutto. Valuterò la situazione anche in base a quanto impiegherà lui ad affrontare l'argomento.

In ragione di tutto questo, ho concluso che di mia sponte non gliene parlerò che dopo l'inaugurazione. Per ora lo aspetto, anche se aspettare non è il mio forte.

Non è il forte di nessuno, credo.

Okay, su, salto l'ultima partita e vado a raccontare ai miei bimbi di quanto è simpatica Teresa la Sorpresa.

Ore 22.30

Giulia è tornata a casa sua, dove Stefano non è rientrato.

Lui continua a non farsi sentire e Giulia colleziona telefonate con la suocera rimbambita.

Lei è sempre più convinta che Stefano stia elaborando una strategia di distacco.

«E il fatto è che non mi sembra nemmeno una cattiva decisione!» ha detto poco fa al telefono.

Anche Beatrice, che era da lei, la pensa allo stesso modo, ma è un po' più irruente sul fronte della suocera. Ha strappato il telefono a Giulia per dirmi: «Non credi anche tu che le mamme non dovrebbero fare barriera, soprattutto dopo una certa età? Dovrebbero svezzarli, 'sti figli quarantenni!».

Ovvio che lo credo!

A quindici anni avevo un fidanzatino che mi trattava nello stesso modo, facendosi reggere il sacco dalla mamma. Poi lei lo aveva beccato a spasso con la secchiona della classe e l'avevo odiato. Mi auguro che Giulia non debba vivere la stessa esperienza. Stefano, come tutti quelli in crisi (i maschi in particolare), non si comporta in maniera molto più assennata di un quindicenne, ma potrebbe sfruttare meglio il dono della parola.

Mi trastullo con questi pensieri perché Claudio, appena atterrato, mi ha chiamato dicendo: «Mangio un boccone prima di rientrare, che devo risolvere una situazione».

Potrei giurare di aver sentito una vezzosa voce femminile in sottofondo.

E quindi è meglio pensare al passato, ai quindici anni, alle amiche. E sfuggire ancora per un po' alla realtà.

Settimo giorno

Sabato 27 maggio

Una questione di scelte

Ore 7.51

Claudio è in cucina che sta preparando la colazione.

L'ho sentito rientrare, ma ho fatto finta di dormire. Per la prima volta da quando lo conosco, sono stata sveglia a letto senza dirgli niente. Forse non l'ha ritenuta una punizione, ma per me lo era eccome.

Ha impiegato un po' a addormentarsi e ho sentito che digitava sul cellulare. Il telefono era silenzioso, ma il rumore dei tasti si sentiva e, dandogli le spalle, a occhi aperti, ho visto più volte la luce azzurrognola del display illuminare il soffitto.

Ho dormito poco e male, anche perché lui ha cominciato a russare.

Però mi è mancato il coraggio di prendergli il cellulare e cercare indizi.

Probabilmente sono codarda. E da vera codarda ho fatto un sogno agitato, in cui una balena insisteva per inghiottirmi, ma non so se fossi Giona oppure Pinocchio. Per scappare dal ventre umido che cercava di ingoiarmi correvo su una scala scivolosa i cui gradini erano lapidi tappezzate di fotografie allegre di gente che non conosco.

Sono integra, ma mi sento come se mi avessero masticato.

Conto fino a dieci a poi vado di là.

Ore 7.55

Claudio mi saluta in maniera affettuosa. Sofia, in braccio a lui, ha ancora il faccino malato ma mi sorride tendendo le braccia.

Si avvicinano tutti e due e mi trovo avvolta da quattro braccia. Due grosse e adulte che mi stringono e due paffute che mi pasticciano. L'odore è quello caldo di corpi appena svegli, ma non sgradevole. Potrei provare astio per mio marito, ma non voglio rovinare questo momento a tre.

Sulla guancia sento la fronte fresca di Sofia, che non ha più la febbre, anche se alcuni puntini si sono trasformati in croste. Si vede che il prurito è stato più forte del talco mentolato con cui è stata aromatizzata per tutta la giornata di ieri.

Claudio mi bacia due volte il naso e questo mi fa sorridere, quasi mi fa sentire meno pre-digerita di quando ho aperto gli occhi.

«Arturo dorme ancora» mi dice mio marito. «Ma Sofia e io avevamo fame, così abbiamo avviato la colazione.»

Tenendo in braccio Sofia che gli si abbarbica al collo, Claudio toglie dal fornello le brioche che ha fatto scaldare diffondendo per la casa un buon profumo.

La moka borbotta tranquilla e l'odore del caffè mi fa venire di nuovo la nausea. Addento i dolci caldi e la fragranza mi accarezza il palato, facendomi trovare un po' di requie. Okay, siamo l'immagine della famiglia da pubblicità, ma non posso fare a meno di affrontare il problema.

«Come è andata in Spagna?» la prendo alla larga, l'ho detto che sono codarda.

Claudio fa un mezzo sorriso. «Molto diversamente da come mi sarei aspettato» e si siede davanti alla sua tazza di caffè, minuscola accanto alla tazzona di Sofia, piena di latte rigorosamente freddo. Parla con il tono di sempre. «Doveva essere una cosa semplice e invece è stata peggio di una crociata.»

«Problemi di lavoro?» mi informo con mal dissimulata indifferenza.

«Magari ne parliamo stasera,» dice Claudio come se non sopportasse l'argomento, con la conseguenza di urtarmi i nervi «non devi prepararti per il tuo grande evento?»

Mi sento punta e reagisco. «Non è solo mio, ma nostro.»

Lui sorride e i suoi denti bianchi spiccano sulle guance scurite dalla barba (di cui oggi ho una pessima opinione... l'opinione dei giorni peggiori). «Io ci sarò in spirito. Porto Artù a giocare la finale, ricordi?»

«Già. Mi dispiace molto...» e mi riempio la bocca di brioche.

«Lui sarà felice così, quindi anche noi» sentenzia Claudio liquidandomi in fretta. Non so se lo dice a se stesso o lo impone a me, ma è una considerazione ragionevole. Molto zen il mio "nuovo" marito.

«Come si fa con Sofia?» domanda mentre le struscia la guancia sul viso, facendola ridere e costringendola a buffe smorfiette. Lei lo asseconda come una gattina che gioca.

«Delly ha combattuto fino a un raddoppio del compenso: la tiene lei» dico.

«Quindi tutto a posto?»

«Se la minaccia di Delly di riservarsi una denuncia per danno biologico nel caso si ammalasse è infondata, direi che è tutto okay.»

Claudio butta indietro al testa per ingollare il caffè bollente e poi si rivolge a me con aria di festa. «Dai, facci vedere come sarai vestita!»

Esco e con la coda dell'occhio vedo che ha messo mano al cellulare e sta componendo un messaggio.

Mi verrà l'ulcera, lo sento.

Ore 8.01

Ho sistemato sulla poltroncina in camera da letto l'abito che ho comprato per la cerimonia di inaugurazione. Appaiate, sotto, le scarpe nuove. Dentro ciascuna scarpa un cerotto trasparente.

Vediamo la situazione punto per punto.

L'acquisto dell'abito è stato un trauma. Il mio guardaroba è assolutamente ben fornito, niente di cui lamentarmi, ma è una collezione di capi molto classici che si arricchiscono stagionalmente di pochi elementi acquistati in saldo ai grandi magazzini. Da quando Arturo e Sofia ci movimentano la vita è più facile che io bazzichi il mercato e le vetrine dei negozi per abbigliamento baby che quelli per adulti. A parte questo, stante la nostra fissa di fare la spesa sempre tutti insieme per non creare impari privilegi, comprare abiti per noi è una specie di crociata alla conquista della gonna o dei pantaloni. Provare con calma un vestito è un'utopia: è abbastanza imbarazzante avere due bambini che giocano a nascondersi dietro la tenda del camerino, di solito spalancandola quando sei in mutande, con la cellulite all'aria e i rotolini di ciccia folgorati dai faretti dello spogliatoio.

Non è bello neanche che i due si scompiscino dalle

risate ogni volta che provi qualcosa di insolito. È mortificante che una bambina alta un metro scarso corra per il negozio sganasciandosi e urlando: «Papà! Corri a vedere la mamma!».

Tacerei volentieri anche dello sguardo geloso di Arturo quando decreta «Quella gonna è troppo corta!» (e arriva sotto il ginocchio) oppure sancisce «Devi coprirti di più!» (e sto provando un maglioncino girocollo). Ho un figlio bigotto e pudico, anche se un giorno, attorno ai tre anni, estasiato davanti alla pubblicità di una catena di negozi di intimo ha detto: «Mamma, perché non ne compri uno anche tu?» (ed era un baby doll di pizzo).

Resta il fatto che per le due sorelle ricongiunte sentivo il bisogno di qualcosa di nuovo. Dunque, con Claudio, abbiamo ordito l'inganno: lui avrebbe portato i bambini al parco giochi e io sarei fuggita con Beatrice per una battuta di Caccia all'Abito.

Non è andata proprio come avrei voluto, in realtà. Beatrice, infatti, aveva rimediato l'appuntamento che inseguiva da giorni e su cui contava per piazzare un tugurio in periferia (che le era stato assegnato in agenzia secondo lei per mobbing e secondo alcune sue colleghe perché solo una faccia tosta come la sua poteva dire "casa" davanti a quella roba senza arrossire). Sciaguratamente mia cognata era passata a visitarci e... giuro, avrei fatto di tutto per lasciarla a casa. Purtroppo, aveva deciso che sarebbe venuta e non c'è stato verso di scrostarla dalla sua opinione. Nella testa di Camilla l'equazione era: me + shopping + vestiti = meglio che il circo. L'incognita, ovviamente, era la mia eleganza...

Sono salita in auto con spirito patibolare. E ne avevo pienamente ragione.

Siamo andate all'outlet (lo stesso dell'abito rosa di

Sofia) e il primo round è consistito in una supervisione dei negozi. In volo radente, abbiamo fatto una ricognizione di quello che era plausibile e di quello che era escluso. Io un paio di pantaloni non li avrei esclusi, ma mia cognata ha scosso la testa, storto il naso e agitato le mani come colpita da spray urticante: «Non se ne parla! Non hai più vent'anni!».

Se avesse detto che non *abbiamo* più vent'anni me la sarei presa di meno, ma lei stava sottolineando la mia età, escludendo se stessa. C'era della malevolenza nelle sue parole, posso garantirlo.

Non avrei dovuto farci caso, ma quella frase ha segnato la demarcazione di un prima e un dopo. No, non nella mia vita, nello shopping.

Da quel momento mia cognata ha assunto la direzione dei lavori e io mi sono asservita alla funzione di amico immaginario: quello al quale parli, ma che non vuoi sentire parlare davvero. Abbiamo cominciato a passare in rassegna lo stile "donna", categoria "cerimonia".

Camilla ha dato prova di crudeltà mentale ai limiti della decenza, fingendo di darmi una mano.

Io cercavo linee soffici e leggere, lei mi proponeva tubini striminziti; io cercavo abiti colorati e lei insisteva su un nero funereo.

«Il nero non è adatto al pomeriggio» ho detto a un certo punto, credendo di fare sfoggio di una certa competenza in tema di eleganza e bon ton.

Lei ha abbassato le braccia cariche di abiti e ha raddrizzato le spalle: «Questo lo dicono gli sprovveduti. Il nero va sempre bene, dipende dalla foggia, non dal colore. Il corto la sera non va e io di lungo non ti ho proposto niente. Lo hai notato. E non solo perché non ti sta bene!».

Aveva quell'espressione risentita di chi è convinto di sprecare il proprio tempo con un'apprendista senza speranze (a volte lo faccio anch'io con Wanda, quindi riconosco la faccia).

Punta sul vivo ho afferrato il primo capo giallo disponibile e ho marciato verso il camerino. Vabbe', non ho guardato bene, era solo un gesto di stizza, ma proprio quello con le balze dovevo prendere?! E poi io con il giallo sembro un involtino primavera aperto. Ho la carnagione chiara e il colorito verza cotta è la tinta dominante. Anche perché non riesco a dedicarmi all'abbronzatura da... i soliti cinque anni. Andrebbe anche precisato che l'illuminazione degli spogliatoi è avvilente. Con la luce che piove dall'alto, troppo cruda e riflessa dallo specchio, persino Marilyn Monroe avrebbe avuto qualche imperfezione.

Mi stavo guardando con la cerniera mezza tirata su e un rotolo di ciccia che strabordava dalla manica troppo stretta quando la voce di Camilla, da fuori, ha detto: «Vuoi farti vedere o no?».

«Non sta granché» ho ammesso a mezza voce.

La tenda si è aperta, Camilla mi ha studiato dalle caviglie in su e ha alzato gli occhi al cielo. «Già... direi anch'io.»

E mi ha allungato una variazione di tubino. Rigorosamente nera a parte un pernicioso inserto laterale di seta perlacea.

L'ho preso, ho richiuso la tenda e mi ci sono infilata dentro.

Quando ho tirato la lampo fino alla fine, con una contorsione alla Houdini, sono uscita per dimostrare alla cognata che nemmeno lei era il genio dell'abbigliamento. Al limite la lampada, ma senza il genio.

Per quanto Camilla insista, non ho il fisico da tubino. Le gravidanze e la metà dei trenta ormai alle spalle mi hanno ammorbidito la vita, che già non era mai stata sottile, e la vita sedentaria mi ha addolcito il sedere. Certo, Camilla ragiona in base al proprio fisico ma io, a differenza di lei, pranzo e ceno e non vado in palestra, perché non ne ho né il tempo né la forza. Ho uno sbotto acido in gola ma lo ingurgito per non andare in rotta di collisione: devo comunque riportarla a casa, quindi meglio non avvelenarci la giornata con un litigio.

E poi c'è un altro pensiero che mi sta distraendo. Così strizzata, con gli arrotondamenti del mio corpo appiattiti dal tessuto tirato, quella che vedo nello specchio non sono più io, ma mia madre. Sì, insomma, non c'è più da un sacco di tempo, ma è come se mi stesse guardando dall'altra parte dello specchio. È proprio così che la ricordo negli ultimi anni, poco più vecchia di me e con la mia stessa sagoma. Mi riempio di emozioni contrastanti fino quasi a traboccarne. Per un verso sento la cocente nostalgia di lei e percepisco quanto mi manchi, anche se sono grande, ho una famiglia mia e credevo che la sua assenza fosse una questione risolta (ma forse non c'è un limite d'età al quale si smette di sentirsi orfani). Ma in sottofondo c'è dell'altro. Si dice che per crescere si debba superare la figura del genitore, stracciarla. E per fare questo bisogna arrivare ad assaporare l'odio, la repulsione, la negazione. Sì, c'è anche questo. Con la differenza che poi è arrivata la morte vera, non quella metaforica, e proprio sul più bello, quando sarebbe arrivato il momento per ricucire il nostro rapporto. Mi guardo allo specchio e mi gridano gli occhi. Trattengo a malapena una lacrima e scappo nel camerino a cambiarmi.

Quando ne esco, Camilla ha totalmente frainteso.

«Basta che metti una guaina. Anche se il meglio sarebbe che tu ti prendessi un po' più cura di te...»

Esco dal negozio a razzo e quando lei mi insegue, la aggredisco: «Stai zitta! Tu non capisci un cazzo e non capirai mai! Togliti il culo dal burro o levati di torno!».

Lei mi sta al passo ondeggiando sui tacchi. «Di certo io so esporre le mie ragioni senza essere scurrile.»

È risentita, ma mai quanto me. «La volgarità non sta nel come si dicono le cose ma nel come si fanno. E tu sei parecchio volgare.»

Abbiamo litigato ancora un po', poi siamo rientrate in silenzio. E la domenica a pranzo abbiamo fatto finta che non fosse successo niente. Come al solito.

La svolta (nel mio abbigliamento, non nel mio rapporto con lo spettro di mia madre) è avvenuta qualche giorno dopo, quando ho fatto una scoperta. Anzi no, *la* scoperta. Sono andata a fare shopping da sola, rubando il tempo come una strategia da congiura: dicendo a casa che ero a una riunione e al lavoro che avevo un impegno per la scuola dei bambini. Il senso di colpa ha smesso di schiacciarmi appena ho messo piede al centro commerciale. Da sola! Dopo anni di acquisti casuali con la famiglia al seguito, finalmente sola!

Da principio non è stato granché: mi sono vista alle prese con le taglie, i modelli e tutto mi dava una certa spiacevole sensazione di scomodo, complicato. Poi... Poi ho visto la vetrina di un negozio per taglie comode. La vita è bella! No, non è nemmeno necessario essere sovrappeso: hanno anche le taglie piccole! Cioè, non proprio striminzite: partono dalla 44, che è la mia taglia.

In questi negozi non devi strizzarti come un salame felino nella sua pelle, non devi stritolarti con tessuti elasticizzati, non indossi roba che devi stare attenta a come ti pieghi. I vestiti devono essere coccole.

Lì le commesse dovrebbero prendere un Nobel per la Pace, per aver riconciliato molte donne con se stesse: ci arrivi come un naufrago e loro ti accolgono come fossero la Croce Rossa. Presto, un Nobel per la Pace a questi benefattori!!! Quelli che le donne non le vogliono sacrificate e succinte, quelli che le donne le amano libere, quelli che educano il personale a non mentire (semmai a suggerirti un altro modello). Sì, è stata LA SCOPERTA.

La signora che mi ha aiutata era una donna corpulenta, non bella ma finalmente sorridente, premurosa, quasi una chioccia. Grazie a lei ho trovato un abito colorato (screziato di azzurro, rosso e arancio, che a dirlo fa paura ma a guardarlo fa sorridere), che sarò smodatamente orgogliosa di sfoggiare.

Dopo che ho sproloquiato ringraziamenti in buona parte euforici al punto da essere insensati, mi ha detto: «Mia cugina vive in Svezia e mi ha detto che lì c'è un proverbio che recita più o meno: devi avere comodo il letto e le scarpe, perché se non sei nell'uno sei nelle altre. Per me, vale lo stesso per i vestiti!».

Ho resistito alla tentazione di chiederle il numero di telefono per non sembrare un'invasata, ma l'avrei abbracciata. Alla faccia di mia cognata!

Ore 12.30

Il mio abito ha avuto il successo meritato. Persino Arturo, che si è svegliato in tempo per assistere alla mia sfilata in cucina, si è espresso in maniera lusinghiera: «Sembri la strega cattiva della *Bella Addormentata*!».

Il complimento mi piace, quella donna è la più bella

di tutto il lungometraggio realizzato da Walt Disney e mio figlio è un intenditore.

Sofia mi ha chiesto di poterlo provare, e le ho promesso che lo terrò nell'armadio fino a quando non sarà abbastanza grande per poterlo mettere. Arturo ha quantificato il divario tra me e la sorella in una dozzina di spanne e ci siamo messi tutti l'anima in pace per i prossimi dieci anni, tarme permettendo.

Claudio ha acceso la radio sopra il frigo e ha cucinato.

Mio marito è un uomo veramente abile: è riuscito a preparare un'insalata di pasta e delle impanatine di seitan con contorno di verdure fresche sporcando il doppio delle stoviglie necessarie e senza smettere un solo istante di mandare messaggi dal cellulare.

Mi sono augurata gli si scaricasse la batteria e, per portarmi avanti, gli ho nascosto il cavo per la ricarica, ma deve avere davvero un buon modello di cellulare, perché non ne ha avuto bisogno.

Loro hanno mangiato e io li ho guardati. Uno sguardo ai loro piatti vuoti, uno al mio, pieno, e un altro ancora alle lancette del'orologio. Non vedo l'ora di fare l'ultimo sopralluogo al museo e poi di aspettare l'inaugurazione. E, onestamente, non vedevo l'ora di allontanarmi da mio marito e dalla sua digitazione ossessiva.

Anche Arturo è abbastanza impaziente come dimostra la sua borsa per il basket, per una volta già pronta da un paio d'ore.

Ore 13.20

Quando squilla il mio cellulare sono in bagno a truccarmi.

«Lola, sono disperata!» e Giulia non avrebbe bisogno di precisarlo: l'onda isterica mi ha trapanato i timpani.

«Che succede?» chiedo con il bordo del lavabo che mi preme contro la pancia mentre spalmo la terza tonalità di ombretto nella porzione esterna della palpebra. Ho virato tutto sugli ocra, per far risaltare il colore grigiastro degli occhi. L'occhio sinistro è venuto abbastanza bene, ma le simmetrie non sono mai state il mio forte e sul destro mi devo concentrare bene.

«Stefano, quell'imbecille, non può tenere Lorenzo perché dice che oggi ha un impegno. Quella rintronata di mia suocera non la voglio attorno a mio figlio, prima che me lo cresca un rammollito come suo padre! Mia sorella è al mare e mio fratello vive a casa dei lupi. Che faccio? Mi porto il bambino al museo?»

In sottofondo Lorenzo sta urlando a pieni polmoni: «Noooo! Io là non ci vengoooo!».

Chiudo l'ombretto e svito l'eye-liner: «Posso esserti d'aiuto?».

Giulia si offende, anche se non capisco bene perché: «Certo che sì, ma devi fare uno sforzo».

Le parole suonano peggio di come le dice. «Non potresti chiedere a Delly se tiene anche Lorenzo, insieme a Sofia?»

Resto con l'eye-liner sospeso a mezz'aria e metto metaforicamente le mani avanti: «Se poi Lorenzo si ammala non te la prenderai con me, vero?».

«Se si ammala di una malattia contagiosa è la volta che lo mando da mia suocera per una settimana!»

Prima di mettermi il rossetto, chiamo Delly.

La trattativa è degna di un suk. Partiamo da una maggiorazione del venti per cento sul suo onorario (già raddoppiato) e arriviamo a un venticinque per cento più un aiuto da parte di Claudio a sistemare i filtri dell'auto di sua madre.

Prima di accordarmi, verifico la disponibilità di Claudio. Mio marito bofonchia un consenso tenendo lo sguardo sullo schermo del suo telefono. Se in questo momento fossi armata, Claudio non arriverebbe a sera.

Richiamo Giulia per dirle che è tutto a posto e lei chiude dicendomi: «Se fossi un uomo ti sposerei e non ti tradirei mai».

Con quest'eco nelle orecchie mi metto il rossetto: più chiaro sotto e più scuro sopra (ma tono su tono, una cosa delicata) e poi passo il labbro inferiore con il lucidalabbra. Se fossi un uomo, mi bacerei. Ma non mi ci vuole molto per capire che mio marito la pensa diversamente.

Ore 14.35

Arrivo al museo che il Soprintendente è già in sala, con uno smoking che ricorda vagamente i film di Dracula interpretati da Bela Lugosi.

La signora Guglielmini vaga nei paraggi, mimetizzandosi perfettamente tra una lapide e l'altra con il suo abitino grigio. Mi sbircia, arrossisce e gira la testa di scatto.

Le sorelle Seianti sono un monumentale incanto. Vado a stringere la mano a Giacomo per complimentarmi con lui. Non ha la giacca ma una polo a mezze maniche color sabbia e dei pantaloni di tela color cachi. Alla lunga gli archeologi che amano il lavoro sul campo si illudono sempre un po' di essere esploratori, ma a lui perdonerei questo e altro.

Mirella è accattivante come un pacchetto di pasticceria e mi fa sospirare.

Lei e Giulia stanno disponendo tutto per l'ingresso e persino la custode ha l'aria fresca di parrucchiere.

Wanda è così truccata che, a confronto, Moira Orfei quando calcava la pista dei circhi sembrava strappata dai fornelli. Per rincuorarmi agita il fascio di carte che tiene tra le mani: ha raccolto e organizzato prenotazioni a gogò, da qui a ottobre. Le strizzo un occhio e alzo il pollice in segno di approvazione. E anche di simpatia, via, oggi sono magnanima.

Mi giro e alle mie spalle sta il sindaco, con tanto di fascia tricolore. Anche lui ha in mano un fascio di carte e incrocio le dita perché non sia il suo discorso introduttivo. Se lo fosse, per trattenere il pubblico dovremo sbarrare le porte.

Critici ed esperti iniziano a varcare la soglia e mi faccio avanti per gli onori di casa. È il mio momento, conosco la parte, mi divertirò.

Ore 17.20

È durata circa due ore, ma mi è sembrato un battere di ciglia.

Posso tornare me stessa e mescolarmi per sentire i commenti.

Sono venuti in tanti, con uno sfoggio di eleganza che potrebbe confondersi con un matrimonio. Passo tra la gente ricambiando sorrisi, saluti e strette di mano e percorro il tunnel dei loro profumi, catturando stralci di conversazione e brandelli di risate. Mi sento come se la festa fosse per me, ma mi rendo conto che è ancora più bello quando la festa è per ciò che ho fatto: se il mio sforzo diffonde tanto benessere, e continuerà a farlo, non ho nulla di cui lamentarmi.

Sto rileggendo un pannello didascalico quando una

sagoma che passa periferica al mio raggio visivo mi fa girare la testa. Non posso sbagliarmi: quella è la schiena di Stefano che se ne sta andando quatto quatto.

Mi guardo attorno, alzandomi in punta di piedi, per cercare Giulia. Riconosco la sua sagoma di rosso vestita che parla con un capannello di persone. No, non deve essersene accorta, chissà se avrò il coraggio di dirglielo o se glielo riferirà qualcun altro...

Intanto, la Guglielmini e il Soprintendente se ne vanno in giro sottobraccio. Temo che le formiche non se ne andranno presto dal suo ufficio.

È passato anche il signor Diletti, che mi ha riservato parecchi sorrisi, ed era sottobraccio a una biondona. Mi ricordava qualcuno, ma non avrei saputo dire chi. Solo cinque minuti fa mi è venuto in mente: Miss Piggy!

Ho incrociato persino l'esperto in restauri lapidei per il fondo Lorenzi, ma per fortuna la ressa ci ha tenuto distanti: non l'ho più contattato! Sarà il mio primo pensiero di lunedì, prometto.

Mi sento beatamente soddisfatta e mi avventuro dove il catering sta allestendo il rinfresco.

I camerieri in giacca bianca stanno costruendo piramidi di bicchieri e carrelli portavivande entrano ed escono dalle porte sul retro.

Mi metto in un angolo per non dare fastidio e accendo il cellulare. In segreteria ci sono due messaggi. Claudio ha cominciato a dire qualcosa che non capisco, ma Arturo deve avergli strappato di mano il cellulare per dirmi: «Abbiamo perso, ma ho fatto un canestro. Siamo stati grandi».

Sorrido e mi pizzica la voglia di andare a casa ad ascoltare tutta la cronaca in differita: non mancherà il replay delle azioni più intense, con Artù in tutte le parti.

Il secondo messaggio è stato lasciato dal cellulare di Delly e Sofia borbotta: «Mamma, quando torni?».

«Aspetto il primo brindisi e poi arrivo» dico tra me e me.

Ore 18.15

Mentre uscivo il titolare del catering mi ha fermata. «Dottoressa, lei si rivolge sempre a noi...»

Era molto compiaciuto e i baffetti grigi si ripiegavano nella smorfia del suo sorriso.

«Siete molto bravi e...» mi sono guardata attorno e ho aggiunto con voce più bassa e complice «fate sempre degli ottimi prezzi!»

«È un piacere lavorare con lei!» e mentre parlava si aggiustava il farfallino nero, assolutamente uguale a quello dei suoi dipendenti, dai quali si distingue per la stempiatura, la canizie e il girovita: tutto molto più generoso che negli altri!

Mi si è avvicinato complice. «Per questo, se mi segue un attimo...»

Ero un po' incerta, ma l'ho seguito verso un'uscita sul retro. Lui ha aperto il bagagliaio della sua auto e ne ha tolto una borsa-frigo. «Mi sono permesso un pensiero per lei. Non credo che arriverà a casa in tempo per preparare la cena ai suoi bambini.»

Non sarà stato molto professionale, ma l'ho abbracciato e baciato e siamo arrossiti tutti e due come due bambini. È incredibile quanto non sia più abituata a questi gesti.

È grazie dunque alla ditta "Spezzani, il catering con le ali" che abbiamo cenato come dei pascià.

Arturo ha recuperato le energie spese durante la partita e quelle (molte di più) investite per farmela rivivere attimo per attimo. Sofia sta meglio e si è ingozzata di delizie giocando con le sue costruzioni rosa. Claudio ha reintegrato le energie profuse nel battere messaggi. Purtroppo, per quanto lo abbia sperato, non gli è andato di traverso niente.

Comunque sono fiera di me, un pasto intero, quasi una giornata e sono riuscita a non fargli neanche una battuta piccata.

Ore 22.43

Abbiamo raccontato le fiabe della buonanotte, li abbiamo stecchiti tutti e due e adesso siamo seduti in salotto.

Guardiamo un film. Meglio, io guardo un film e Claudio guarda un film quando non digita, ossia molto poco.

Lui è seduto sul divano, in un angolo, io nella poltrona poco distante.

Le luci sono basse e da fuori arriva il riflesso del lampione. Passano poche macchine e le case dei vicini sono silenziose. Immagino che molti di loro siano fuori a divertirsi con gli amici.

Decido che è il momento e mi volto verso mio marito.

«Facciamo un gioco, io ti do il mio cellulare e tu mi dai il tuo.»

Alza la testa stupefatto. «Perché?»

Non cambio espressione e resto seria, impassibile. «Perché sì.»

«Non è una risposta» controbatte.

«Va bene» e uso il tono glaciale che spaventa tanto Arturo. «Sono stanca che tu passi più tempo a digitare che a parlare e sono curiosa di scoprire che cosa ti impegna tanto.»

Claudio è turbato, ma cerca di non darlo a vedere. Tiene il cellulare stretto tra le dita. «Non è da te fare una richiesta di questo genere.»

«Non è da me?!» e faccio pressione su me stessa per non alzare la voce. «È forse da te passare più tempo pestando sui tasti che dando retta alla tua famiglia?»

«Ma cosa stai dicendo?» e aggrotta la fronte in una forzatura di meraviglia e risentimento. La recitazione non è proprio il suo cavallo di battaglia.

Mi agito sulla poltrona. «Non fare il finto tonto, che non lo sopporto!»

«Sei tu che fai la tonta!» Stava per alzare la voce, ma si è trattenuto e non ha ancora appoggiato il cellulare.

Mi stizzisco. «Non ti permettere!»

«No, tu non ti permettere!» tuona.

Resisto. «Non farmi il verso.»

«Se c'è qualcosa che non va, dillo!» e mi guarda dritto in faccia, con la fronte aggrottata e la bocca stretta.

«Non mi va che tu mi abbia detto che saresti andato a Madrid da solo e poi ci sia andato con una ragazza che – per usare le tue stesse parole – è giovane e carina. In due giorni non mi hai dedicato più di quindici minuti totali tra conversazioni e sms, e per più della metà di questo tempo lei ti stava addosso! E non negare.»

Claudio si volta verso la tv fino quasi a darmi la schiena. Il suo silenzio è uno stillicidio che uccide i miei nervi. La televisione vaneggia in sottofondo, più irritante che mai, ma non ho voglia di cercare il telecomando per abbassare il volume o togliere l'audio.

Si gira di scatto. «Che cosa vuoi sapere?»

«Voglio sapere se c'è qualcosa tra te e Raffaella.»

Sembra stupito che mi ricordi il nome.

Con voce mansueta mi chiede: «Vuoi tutta la verità?».

«Certo che sì» e mi irrigidisco senza volerlo. Lo voglio davvero?

Claudio si appoggia allo schienale del divano e mi appare un po' meno imponente del solito. Ha le occhiaie e non si rasa da almeno un paio di giorni, così che il suo viso sembra tutto scuro.

«C'ho fatto un pensierino.»

Se il mio cuore che va in frantumi facesse rumore, sarebbe quello di una molotov in un negozio di cristalli.

«Però non se ne è fatto nulla.»

Sto zitta. Non mi mancano le parole, ma mi si sono congelate in gola. E fanno male.

«Lei mi ha fatto il filo dalla prima volta che ha messo piede in ufficio. Non è facile per uno della mia età avere attorno una ragazzina piena di premure e di richiami sessuali. È come mettere un cerino in un fienile.»

Tace e aspetta che lo incoraggi, ma me ne guardo bene.

«Quando ci hanno trasferito da Madrid a Barcellona, ha chiesto lei una camera per due. Tu non c'eri... niente mi avrebbe impedito di farmi una ragazzina e magari compiacermene con gli amici. Ma sai una cosa?»

Continuo a non parlargli e schiumo di rabbia per le lacrime che mi scorrono sul viso e che non sono riuscita a trattenere. Sono arrabbiata, anzi furiosa, e i miei occhi gridano al posto mio, perché trovarmi schiantata contro il muro delle mie paure mi ha ammutolito.

Lui se ne sta seduto sul divano e parla piano. «Mi sono accorto, quando era lì, di fianco a me, che io non avevo niente da dirle. Il suo corpo era perfetto, sodo, snello, senza pieghe, un corpo senza storia. E ho pensato a te, a casa. Una donna e una casa che sono la mia storia, con i nostri bambini, i nostri progetti, le nostre rincorse per stare in pari l'uno con l'altra. Ho capito che se il maschio dentro di me era stato risvegliato da quel corteggiamento, l'uomo nella mia testa desiderava essere qui.»

Ormai sto piangendo senza ritegno. Claudio, però, si ostina a stare al suo posto.

«Lei l'ha presa male. Si è messa a piangere, ha detto che faceva schifo, che mi faceva schifo, che la stavo umiliando. Non è mica stato facile.»

Se pensa che provi pena per lui, si sbaglia. Mi asciugo gli occhi con il dorso della mano e con il polso, che si striano di residui di ombretto, sbavature di mascara e un avanzo di eye-liner.

«Potrei venire lì e abbracciarti, ma non sarebbe diverso. Io ti amo sempre e costantemente, vicino o lontano che sia da te, che stia facendo l'amore con te o che stia collaudando una moto sparata a 140 km orari su una pista in Arizona. Lo capisci questo?»

«Ho patito il tuo silenzio» e tiro su con il naso.

«Non sono state giornate difficili solo per questo... Anche il nuovo motore è bello ma i tempi di realizzazione sono molto più lunghi del previsto. I messaggi non li scambio con Raffaella, ma con Tullio, che è fisso nell'officina in Spagna.»

Annuisco, tacendo.

«Perché tu lo sappia, Raffaella non rientrerà al lavoro. Basta, tutto qui.»

Mi sento sollevata, ma non felice. Come chi ha attraversato un burrone camminando bendato su un ponte di corda, non realizzo la bellezza di essere sulla terraferma, ma mi volto a guardare l'abisso che avrebbe potuto inghiottirmi.

«Posso sedermi vicino a te? Vorrei vedere come va a finire il film.»

«Però spegni il cellulare.»

Siamo in due nella stessa poltrona, stretti stretti. «Non vuoi più leggere i miei messaggi?» mi chiede porgendomi il telefono.

«No.»

«Posso leggere io i tuoi?»

«Scordatelo.»

Sorridiamo.

Ci siamo abbracciati, e in un film sarebbe partita la colonna sonora di Morricone per accompagnare la dissolvenza.

Nella vita reale, Sofia chiama perché ha sete e vuole un bicchiere d'acqua. Anzi, di succo.

Ottavo giorno

Domenica 28 maggio

Un nuovo compleanno

Ore 8.20

Ricordo facilmente i miei sogni: sono intensi, colorati, vividi nel bene quanto nel male. A livello di regia, scenografia e recitazione dei protagonisti e dei comprimari, la qualità è la stessa tra incubi e sogni, ma gli incubi mi scuotono fino a farmi sussultare e di solito Claudio mi sveglia prima che io possa tirarne le somme.

Ma tra gli incubi e i sogni ci stanno quelle vie di mezzo in cui uno è teso e all'erta ma non spaventato. Per esempio, alle otto e venti esatte di questa mattina, sto sognando che faccio la spesa in un supermercato di cristallo in cui i reparti sono messi uno per piano, piani stretti come corridoi, collegati tra loro da un ascensore panoramico che può a malapena contenere il carrello e me, che sono molto più ingombrante del solito. La questione non è che manchi lo spazio: il carrello si agita e s'impenna e non riesco a domarlo. È colmo fino all'orlo di frutta e verdura, tra cui spiccano mele e sedano. Mi domando come mai abbia comprato tutta questa esagerazione di vegetali quando una cassetta di fragole viene sventrata dal prorompere del muso di un pastore tedesco che mostra i denti e alita, ma non abbaia: uggiola come un cucciolo e mi lecca la faccia. Io odio i cani.

Ore 8.25

«Mamma, dormigliona! Guarda qua!»

Sbatto le palpebre un po' stordita per aver dormito fino a tardi (sì, nella mia vita, come in quella di tutte le mamme, le 8.25 è tardi) e il sole mi arriva sulla faccia da un punto diverso dal solito, ed è così caldo da essere estivo.

A volte gli incubi non stanno nella testa, a volte gli incubi li trovi aprendo gli occhi. Il cane che uggiolava non era nei miei sogni. È qui, davanti a me, tra le braccia di mio figlio. Non è un pastore tedesco ma è un cucciolo. Un cucciolo di San Bernardo.

Arturo è in pigiama, con il sorriso così largo che gli appaiono le fossette nelle guance. Saltella e le orecchie del cucciolo ondeggiano. I due profondi occhi marroni del cagnolone mi guardano acquosi, con la palpebra cascante. Riflettono la mia perplessità e forse l'antipatia è immediatamente reciproca. Per fortuna, l'esuberanza di Arturo compensa la mia freddezza e mio figlio bacia e ribacia la grossa testa pelosa, ingoiando boccate di acari e peli e polvere e chissà cos'altro. Si trasformeranno in anticorpi (nonostante il mio disgusto).

«Dove l'hai trovato?» chiedo, nella miglior simulazione di felicità possibile in questo momento.

Arturo struscia la guancia sulla guancia del San Bernardo, che gli allunga delle timide leccate lasciando tracce di saliva luccicante. «L'hanno portato i nonni, vieni di là! È per il mio compleanno!»

«E anche per il mio!» annuncia Sofia saltellando in camera e poi sul materasso. Mi piomba in braccio già vestita del suo abitino rosa svolazzante. Sarà la sua divisa per le feste da qui a quando non diventerà troppo corto o troppo stretto.

Guardo che ore sono. Tipico dei miei suoceri piombare in casa in tempo per la prima colazione e senza preavviso. Mia cognata una cosa del genere, almeno, non la farebbe mai. Ma i suoceri dormono poco e se dicono «appena ci svegliamo, partiamo», si inizia a tremare. Peccato che l'emozione del viaggio li faccia dormire ancora meno del solito. Mio suocero sostiene anche che alla loro età convenga guidare quando l'autostrada è deserta. Una volta l'ho messo in guardia dai colpi di sonno e lui mi ha detto che di notte il caffè costa meno ed è una bella idea per quelli come lui che viaggiano presto. Non ho avuto il coraggio di dirgli che è un'iniziativa per i giovani che viaggiano tardi: visto che gli orari del suo presto e del loro tardi coincidono, non vedo perché impegolarmi in una discussione potenzialmente sgradevole.

Il botolo peloso si sta avventurando sopra il mio copriletto, annusando cauto. A un certo punto si siede. Se facesse pipì ora potrei avere un pretesto per defenestrarlo, ma la perfida creatura si gira, mi guarda e si trattiene.

«È maschio o femmina?» domando.

«Maschio» risponde Arturo.

«Femmina» risponde Sofia.

Si guardano truci e stanno per azzuffarsi ma cerco prontamente un diversivo, mi butto fuori dalla coperte (ho cappottato il cane ma, davvero, non l'ho fatto apposta!) e chiedo: «Papà è già sveglio?».

Arturo riprende in braccio il San Bernardo e ricomincia a sbaciucchiarlo. Sofia si stringe attorno e bacia il naso della belva, che la fa ridere leccandole il mento. Se i miei figli non creano anticorpi così, significa che sono senza speranza.

«Da un pezzo» mi risponde Sofia. «Tu russavi perfino!»

«Facevi un rumore da paura!» rincara Arturo.

Sorrido e parlo piano, mettendo un dito davanti alla bocca. «Non ditelo a nessuno!»

«Troppo tardi,» mi bisbiglia Sofia «ti hanno sentito anche i nonni...»

Mi metto in piedi stiracchiandomi. «Peccato... Adesso, andate di là che arrivo.»

Arturo tiene il cane in braccio, mentre Sofia lo aiuta a reggere le zampe posteriori. Il cane sembra Raffaella Carrà sorretta dai boys in una trasmissione revival. Il gruppetto barcolla verso la porta e Arturo volta la testa verso di me. «Ma ti piace il cane?»

«È...» starei per dire altro, ma correggo la rotta al volo. «È bellissimo.»

«Lo teniamo, vero?» chiede Arturo.

Sofia rinforza. «Vero?!»

«Si chiama Birba!» dice Arturo.

«Se ha un nome non si può portarlo indietro, lo ha detto papà!» assicura Sofia.

«Allora lo teniamo, vero?» e i miei bambini sono tutti e due avvinghiati al cagnolone che diventerà pachidermico e produrrà cacche gigantesche e richiederà passeggiate quotidiane (altra organizzazione di cui mi dovrò occupare) e qualcuno che se lo tenga durante le nostre vacanze... Ma loro sono felici e un animale domestico è un'esperienza che fa bene all'anima.

«Sì, certo... Andate di là che arrivo.»

Prendo l'accappatoio dal servo muto.

«Mamma» e Arturo torna indietro e si affaccia allo stipite della porta senza rientrare nella stanza. «Non mi hai nemmeno fatto gli auguri!»

Gli corro incontro e lo stritolo in un abbraccio che include anche il cane e la coda di cavallo di Sofia. «Auguri, amore mio! Birba mi ha distratto!»

«Se non sei tu la prima a farmi gli auguri, il compleanno non è bello uguale. E quest'anno ti hanno battuta i nonni e papà e persino Sofia!» Non so se Arturo sia offeso perché è serio, ma gli occhi luccicano di un'aria furbetta.

«Perdonami, non succederà mai più.»

«Ti perdono solo perché eri molto stanca e perché anche adesso hai la faccia strana.»

Ore 9.50

Il tavolo della cucina è ingombro di regali per tutta la famiglia. Forme diverse, consistenze varie, tutti impacchettati con carte diverse e chiuse da nastri di diverso colore. Un trattamento di prima classe per far capire che hanno pensato a ciascuno di noi singolarmente. Certo, del cane potevano almeno avvisarmi...

Mio suocero dorme nello studio, per riposarsi dal viaggio. Mia suocera è in giardino a mostrare ai bambini come si fa a far giocare il cane. Questo significa che lei prende dalla borsa un osso finto, una palla di plastica, un pupazzetto comprato al negozio di animali. Tiene tutto stretto sottobraccio e poi agita un fazzoletto davanti al cane, che prova ad afferrarlo con la bocca, ma ogni volta lo manca. Non sembra molto interessato al gioco, ma scodinzola come se apprezzasse tutta la fatica che questi umani stanno facendo per lui.

Claudio, su una seggiola di plastica, segue la scena apparentemente impassibile.

Entusiasti dell'idea di intrattenere il cucciolo, Sofia e Arturo provano a sfilarle gli oggetti da sotto il braccio, ma mia suocera li ferma e si esibisce ancora una volta nella performance del fazzoletto. Suppongo che Nora, la mamma di Claudio, desiderasse ardentemente un cane. Per ottenere l'attenzione del loro cucciolo e spodestare la nonna, Arturo e Sofia dovranno perdere la pazienza e iniziare a fare i capricci. Mi sembra un ottimo esercizio per la loro vita futura.

Mi sa che forse adesso è il momento di prendere il toro per le corna.

Nella mia borsa stanno affiancati un assorbente, un analgesico e un test di gravidanza. Credo che l'analgesico mi servirà comunque. Se fossi una donna capace di padroneggiare le proprie emozioni, rimanderei il test di gravidanza a domani mattina. Oggi è una giornata che già prevede troppe emozioni: la festa di Arturo, l'arrivo dei suoceri, l'incombenza della Famiglia Ducale e l'effetto adrenalinico della giornata di ieri... insomma, come potrei ammortizzare l'esito positivo di questo test? Potrei restare delusa da un esito negativo? Potrei implodere o esplodere, a ogni modo mi troverei a dover gestire un'esuberanza emotiva inserendola in un calderone già di per sé ribollente. Infine, se l'esito fosse negativo potrei sciogliere gli ormeggi dei miei pensieri, prenotare la visita da un gastroenterologo e farmi prescrivere una settimana di riposo assoluto.

Sono combattuta, ma non troppo, perché qualcosa dentro la mia testa ha già preso una decisione. Mi chiudo in bagno.

Prima di dare una mandata alla chiave, esito. E se

chiamassi Claudio? Sarebbe una bella idea raccontargli tutto e vivere insieme i tre minuti di ammollo in urina.

Però, se ce ne stessimo tutti e due in bagno, fuori si formerebbe una folla in attesa. No.

Esco dal bagno e prendo ostentatamente un libro prima di tornarci, così che nessuno abbia la tentazione di bussare per farmi fretta. In realtà, mi ignorano tutti. Ottimo.

Ore 10.02

Apro la confezione del tester con le dita fredde e rigide. La plastica esterna resiste, ma la strappo con foga quasi rabbiosa. Mi sta montando dentro un'urgenza che mi fa fremere.

Leggo le istruzioni per essere sicura che funzioni sempre nella stessa maniera e spero che la fretta non mi faccia perdere di vista qualche dettaglio essenziale, quindi procedo con l'operazione pipì. Ogni volta ho l'ansia di non farne abbastanza, ma pare che i miei timori siano infondati, se il calcolo mentale dei secondi non è sbagliato. In certe circostanze, l'emozione ti rende insicura anche nel conto da uno a trenta!

Sgocciolo lo stick di plastica, lo tampono con la carta igienica, standо attenta a non sfiorare la punta e lo appoggio sul bordo del lavandino.

Non posso fissarlo per tre minuti, impazzirei.

Mi metto davanti alla finestra e scosto la tendina bianca con l'inserto di pizzo. Mi scappa l'occhio su uno straterello di polvere lungo il bordo e mi annoto mentalmente che dovrei lavarla.

La finestra del nostro bagno si affaccia sul retro della casa dei vicini. Elsa sta stendendo la biancheria, se alzasse la testa non potrei non salutarla, ma non è il momento per i convenevoli. Richiudo la tenda e inizio a raccogliere da terra avanzi di pigiami small-size, ripiego per bene le salviette e metto in ordine le boccettine mignon dei profumi: quando mi regalano i campioncini li allineo sulla micro-mensola dove stanno anche ninnoli e saponette trafugate nei vari alberghi da Claudio o da me. Ai bambini piacciono tanto e rimbalzano nelle loro mani fino a quando non si decidono a usarli o li stropicciano abbastanza per giustificare che finiscano nella pattumiera. I saponini alberghieri sono sempre tanto carini ma, ammettiamolo: non lavano per niente e hanno tutti lo stesso profumo di quart'ordine che credo serva solo a ricordarti che non sei a casa.

Saranno passati tre minuti? Forse no. Il tempo sa essere estremamente lento e non ho controllato l'orologio prima, quindi non so se devo aspettare ancora o no. Per paura o forse per mantenere dentro di me la tensione, faccio scorrere un po' di acqua nel bidet e do un'inutile sciacquata alla ceramica lucida.

Aspetto che l'acqua diventi bella calda tra le mie dita e poi decido che è il momento.

Faccio scrocchiare le spalle con una mezza rotazione del braccio e vado a guardare.

Credevo di essere pronta, ma non lo si è mai. Nemmeno se è la terza volta.

Ore 10.06

Le mie due maternità sono state fortemente volute. Ho scelto con determinazione di volere due figli. Due... pochi ma, a giudicare da quanto mi hanno sconvolto la vita, anche tantissimi.

La mia prima gravidanza arrivò spensierata. Eravamo così ferocemente innamorati e forse abbastanza giovani perché non si facesse aspettare tanto. Appena ebbi consapevolezza che poteva essere successo davvero, al quinto giorno di ritardo, mi precipitai in farmacia per comprare un test di gravidanza. Rubai il posto in fila a un signore distratto per arrivare prima davanti alla dottoressa e sono sicura che alzai un poco la voce per chiedere ciò che desideravo.

Ero talmente orgogliosa e felice di poter essere gravida che lo avrei urlato nelle orecchie a tutti i presenti, per quanto fosse altamente improbabile che importasse alla vecchina catarrosa o al ragazzo che cercava affannosamente un rimedio contro l'acne devastante che gli deturpava il viso. Avrei scommesso di più sulla donna che stava comprando delle pappine liofilizzate, almeno fino a che non diede una brusca scrollata al passeggino inveendo «Taci un attimo!» contro il pargolo che lallava nella sua direzione. Promisi a me stessa che non lo avrei mai fatto (ovviamente, invece, mi è capitato più volte... ma quel giorno, in farmacia, ero beatamente ingenua).

A casa non ebbi la pazienza di aspettare Claudio e feci subito pipì sullo stick rosa e bianco. E quando apparve la lineetta rosa non sorrisi né saltellai per la stanza come avrei giurato di poter fare. No, rimasi attonita. Sconvolta. Stravolta. Scombussolata. Mi ripresi dopo un tempo indeterminato e cominciai a passeggiare su e giù per casa. Avevamo appena traslocato dal nostro appartamentino in centro, dove pagavamo un affitto stratosferico ma ci godevamo a pieno il brio cittadino.

In corridoio, dove adesso sta un mobiletto pieno di vecchi documenti, era appoggiata una specchiera che aspettava di essere montata in camera. Ricordo che passeggiai su e giù lì davanti, guardando i miei piedi che si muovevano nervosi. Mi allungai dal tabaccaio a comprare un sacchetto delle caramelle morbide che avevo sempre ritenuto schifosamente dannose e lo mangiai aspettando che Claudio rientrasse. Appena fu sulla soglia lo trascinai in bagno e gli mostrai lo stick. Sulle prime non capì e non capii perché non capisse, fino a quando non mi resi conto che la magica lineetta rosa non è perpetua ma si cancella quando il tampone si asciuga. Allora gridai: «È il test di gravidanza!».

Anche Claudio impiegò un po' ad avere la reazione giusta, quella dei film, quella in cui gli uomini abbracciano le loro donne e le baciano non con passione ma con un nuovo delicato alone d'amore familiare. Sulle prime, infatti, si appoggiò allo stipite del bagno, sbiancando lentamente. Solo quando la sua pressione arteriosa tornò stabile mi abbracciò e poi brindammo e poi cominciammo a telefonare a parenti, amici, conoscenti che non sentivamo da anni e antichi vicini di casa. Sì, eravamo felici e il nostro provider telefonico lo fu insieme a noi.

In ufficio la mia gioia fu tramortita da una doccia fredda. Se Giulia e gli altri colleghi si compiacquero, quando annunciai la mia gravidanza ai piani alti fu come se avessi detto al capitano di una fregata che avevo portato la peste a bordo. Giusto un sorriso tirato e poi la domanda preoccupata sui mesi che avrei inteso prendermi.

Arturo, come tutti i primogeniti di una coppia non più giovanissima e circondata da altre coppie coetanee senza figli, ci fece attorno terra bruciata. Non mi dispiaceva affatto stare a casa con lui e non trovavo faticoso portarmi il suo seggiolino appresso tra i ristoranti e le case degli amici (anche se il mio entusiasmo non era condiviso nella stessa misura né dai ristoratori né dagli amici). Fatto sta che, quando decisi di fare un secondo figlio, mi venne spontaneo pensare che se il primo aveva devastato la nostra vita sociale, il secondo non avrebbe potuto far granché alle macerie fumanti della nostra vecchia esistenza. Anzi, semmai avrebbe dato un senso in più a quella trasformazione. Non me ne pentii mai.

La deficienza empatica di alcuni servì per noi come discrimine tra chi continuare a frequentare e chi lasciare in stand-by in attesa che i pupi crescessero e raccogliessero più simpatie in società.

Non mi sono mai pentita di aver fatto due figli. Se ce ne fosse un terzo, sebbene piovuto per caso, sono sicura che non cambierei parere per lui. E la vorrei femmina.

Ore 10.07

Il segno rosa è proprio rosa.

Mi siedo sul bidet e metto la testa sulle ginocchia. Sono incinta. Mi viene da piangere. Mi viene da ridere.

Prendo il test e lo butto nella pattumiera, spingendolo in verticale tra la confezione del collutorio aperta ieri e delle salviettine umidificanti per lo strucco.

Arrivo alla porta e appoggio la testa allo stipite.

Giro la chiave, spingo la maniglia di slancio e vado in camera.

Ci trovo Claudio che sta rifacendo il letto.

Ha in mano il mio anello, cioè l'anello che era suo e poi è diventato mio e che credevo di aver perso.

Me lo porge sul palmo della mano aperta. «L'ho trovato tra il materasso e la testiera.»

«Oh, tesoro!» E lo abbraccio.

Ricambia il mio abbraccio e mi parla nei capelli, piano e gentile. «Non lo trovavi più, eh?»

«Oh, tesoro» ripeto.

Lui crede che il mio sollievo sia quello che ho di solito quando ritrovo qualcosa che avevo la certezza si fosse volatilizzato nel nulla. «Vabbe', l'abbiamo trovato!» mi incoraggia, dandomi una pacchetta tra le spalle, ma senza staccarsi.

Lo stringo e per la terza volta dico: «Oh, tesoro».

«Okay» e finalmente inizia a intuire che c'è qualcosa di più. «Dai, su, ne abbiamo parlato ieri sera. È tutto a posto, no?»

Potrei chiarire, ma non articolo nient'altro che la solita parola che mi si è incastrata in testa. «Tesoro.»

«Sì, ho capito» e stacca la sua testa dalla mia. «Sono il tuo tesssoro» e mi fa l'imitazione di Gollum direttamente nelle orecchie.

«Sono incinta» annuncio.

«Eh?» Si è immobilizzato, tipo statua di marmo. Forse ha anche smesso di respirare.

Resto allacciata ai suoi fianchi, ma metto tra i nostri petti qualche centimetro di spazio. «Gravida, ripiena, panzuta» dico con la bocca che sfiora il suo mento malrasato e con la barba che mi punge le labbra.

Dagli uomini ci si aspetta sempre una certa reazione. Il fatto è che il poveretto piomba dalle nuvole mentre io ho avuto il tempo di prepararmi. La scossa emotiva di ieri sera, forse, aggiunge un'ulteriore interferenza.

Siccome lui è sempre il simulacro di se stesso, spiego meglio. «Ho appena fatto il test. Ci siamo!»

«Come?» e il suo alito mi arriva sul naso, aromatizzato al caffè. Sento il rumore della sua deglutizione, tipo "ingoio la notizia e la metabolizzo".

Faccio un passo indietro e lui lascia cadere le braccia lungo i fianchi, una mano aperta e l'altra chiusa a pugno, con dentro il mio anello, ex suo e ora nostro.

«Ma come “come”! Aspetto un figlio.»

Pensavo che alla terza volta avrebbe saputo reagire come si deve, come nei film.

E invece si commuove. Gli vengono gli occhi lucidi e stretti come quelli del cucciolo che hanno portato stamattina i suoi genitori. Il naso, però, sembra ancora asciutto. Almeno finché regge.

«Non me l’aspettavo» balbetta e si passa la lingua sulle labbra.

«Nemmeno io» ammetto onestamente.

«È colpa di Parigi?»

«Credo sia colpa di Parigi.» “Colpa” è una brutta parola, ma non suona male, e nemmeno io, qui e ora, saprei scegliere un termine più appropriato.

«Oh, mamma» dice Claudio, sempre statuario.

«No, aspetta a dirlo alla mamma.»

Cerco di ridere, ma sono un po’ delusa e se ne accorge.

«Aspetta» mi dice, spingendomi verso la porta. «Rifacciamo. Esci, entra e dimmelo di nuovo.»

Esco dalla stanza chiudendo la porta.

La riapro, faccio un passo nella stanza e annuncio: «Ciao, amore, sono incinta».

Lui batte le mani e tira i pugni verso i fianchi, come un tifoso ai Mondiali di calcio quando la sua squadra segna. «È la più bella notizia da quarant’anni a questa parte!»

Sono sicura che mi abbraccerebbe e mi bacerebbe come nella più sdolcinata commedia rosa hollywoodiana se Arturo non entrasse aggiornandoci: «Birba ha fatto la cacca sul tappeto».

Gent.ma dott.ssa Olivari,

come lei mi ha suggerito, ho tenuto un diario onesto delle mie ultime giornate.

Non avrei voluto rileggere nulla, quindi avevo chiuso il quaderno nella busta e stavo per venire nel suo studio, per il nostro appuntamento.

Ero sulla soglia di casa quando mi sono guardata allo specchio. Abbiamo uno specchio appeso sulla mensola dove di solito appoggio le chiavi e la borsa. In genere non mi ci guardo mai. Come sa, non amo truccarmi, quindi non ho pause in cui mi osservo, e fino a quel momento avevo insensatamente coltivato l'impressione di conoscere la mia faccia.

Mi sono accorta stamattina che non conosco il fuori della mia faccia, ma il dentro. A ben pensarci, non ho appeso nemmeno una mia fotografia in casa, mentre quelle di Claudio e dei bambini, nelle diverse fasi della loro vita, guarniscono in abbondanza le pareti. Il solo scatto mio esposto è un'immagine, risalente agli anni Settanta, dai colori un po' accesi e contemporaneamente già stinti dal tempo. È una Polaroid. La fotografia la scattò mia nonna. Mia madre e io siamo sedute in un prato di margherite. Il prato adesso è ingiallito e le margherite sono chiazze bianche come le avrebbe sparse Pollock con un colpo di pennello grondante. I miei calzoni rossi, che ricordo ancora benissimo, stanno virando all'arancione. Ho la maglietta alla marinaretta, con le righe sottili orizzontali bianche e blu. I capelli sono castani, come ora, un po' mossi e un po' a boccoli. Nella fotografia sono solo più corti e setosi, come è giusto che sia in una bambina. Il viso ha il tondo paffuto della prima infanzia e le guance sono soffici e con le fossette (uguali a quelle di Arturo), rigonfie attorno a un sorriso che scopre i denti appena spuntati.

Sono appoggiata alla maglietta bianca abbagliante di mia madre, stretta tra le sue ginocchia magre, snodo spigoloso delle lunghe gambe coperte da improbabili jeans, scampanati in una spropositata zampa d'elefante. Dall'orlo spuntano delle espadrillas bianche quanto la maglia. I suoi capelli lunghi e rossicci mi ricadono sulla testa. Le mie manine sono alzate verso il suo volto. Come se mi stessi tuffando all'indietro.

Guardando bene, il viso che penso di avere è quello di mia madre.

Allo specchio, oggi, ho visto invece un volto diverso, che risente più di quanto vorrei dell'eredità genetica di mio padre.

Mi sono incuriosita di me, stamattina.

È stato in quel momento che l'ho chiamata per rinviare l'appuntamento.

Mi sono seduta sul divano, tra i giochi dei bambini, avanzi di calze, residui di spuntini e micro-abiti aggrovigliati. Ho strappato la busta e ho riletto, per conoscermi meglio. Non preferirei essere un'altra. Questa vita delirante, che risucchia ogni mia energia mentale e fisica, non la cambierei per nulla al mondo.

Un cordiale saluto,
Lola

Stampato presso ELCOGRAF S.p.A. - Stabilimento di Cles (TN)